HUBERT LEISCHNER · MENSCHEN IM GEBIRGE

HUBERT LEISCHNER
MENSCHEN
IM GEBIRGE

MIT TEXTEN VON

BERTL PETREI

VERLAG JOHANNES HEYN

Unveränderter Nachdruck 1996

© by Johannes Heyn, Klagenfurt
Schrift: 15.5 Punkt Palatino roman
Lithos: Fa. Sochor, Zell am See
Papier: Gardapat holzfrei weiß, 135 g, 1,3faches Volumen
Grafische Gestaltung: Griseldis Molzbichler-Leischner
Satz und Druck: Graphischer Betrieb Carinthia
Endfertigung: Handbuchbinderei Bäck, Klagenfurt
Klagenfurt, 1991
ISBN 3 85366 683 3

*Dieses Buch widme ich dem Andenken
an meine verstorbene Frau Ilse.
Das Zustandekommen des Buches
verdanke ich Gertraud,
meiner zweiten Frau.*

BERTL PETREI

Besuch
bei den Leischners

Es ist längst Abend geworden. Frau Leischner – „Ihr sehts ja nix mehr!" – hat uns Licht gemacht. Hubert Leischner schiebt das letzte der für den Band ausgewählten Bilder unter die Lampe: zwei Buben, offenbar beratschlagend, vor einem Vogelbauer. Wieder ein grandioses Foto, aber ein landläufiger Inhalt. Überall hält man Vögel im Käfig. Doch dann sagt Leischner: „ ‚Lassen wir ihn fliegen?' heißt's. Die fangen dort die Vögel im Schlagkastl, aber sie halten sie nur über den Winter, im Frühjahr lassen sie sie aus." Ich schalte mein Tonbandgerät ab, auf dem ich die Kommentare des Fotografen aufgezeichnet habe. Wie schon oft bei diesem guten Gespräch – gut auch, weil es darin die Pause, das Schweigen gibt – sitzen wir eine Weile stumm. Was für ein Schluß! denke ich. Noch nie habe ich von dieser freundlichen Variante der Vogelhaltung (die für mich sonst immer etwas Bedrückendes hat) gehört. Und ich denke: Halten die Buben mit dieser Entlassung des Wintergastes nicht so etwas wie eine Frühlingsfeier ab? Als hätte er meine Gedanken gelesen, setzt mein Gegenüber hinzu: „Also, lassen wir ihn fliegen?" und deutet auf den Berg von Fotos und Unterlagen, die sich auf dem Tisch türmen: Entwürfe, Notizen, Tonbänder, der Ausstellungskatalog, der eigentlich die entscheidende Anregung für das Buch gegeben hat...
Meine Gedanken gehen ein Jahr zurück: Besuch bei einem besonders liebens-

und schätzenswerten Volkskundlerkollegen, bei Dr. Lois Ebner, auf Schloß Bruck in Lienz. Er erzählt von seinen Plänen für das Museum, berichtet vom vergangenen Jahr. „Im Juli", sagt er, „haben wir eine besonders interessante Foto-Ausstellung gehabt." Er schiebt mir einen Katalog her: „Hubert Leischner, Bauernleben in den Bergen, Photographien aus Villgraten 1945–1948." Natürlich kenne ich den Namen Leischner – von meiner Zeit in der Zeitung her. Das war doch ein Kriegsberichterstatter, den es nach dem Krieg nach Kärnten verschlagen hat? Der hat doch für den Prof. Aichinger in Arriach die Farbtafeln von den Pflanzen gezeichnet, erinnere ich mich. „Ja, schon", lacht Ebner, „aber von 45 bis 48 war er bei uns in Osttirol und hat diese großartigen Bilder von einer noch intakten bäuerlichen Gemeinschaft in der Abgeschiedenheit gemacht." Schon die Fotos im Katalog begeistern mich – in eines von ihnen „verliebe" ich mich ein für allemal, in die „Behutsame Zärtlichkeit". Da ich beim Blättern das Geburtsdatum, 30. September 1909, entdecke, steht mein Entschluß fest: Zum 80. Geburtstag von Leischner schreibe ich über ihn. Und gleich darauf kommt die Idee: Aus den Fotos dieser Ausstellung müßte man einen Bildband machen. Das Ehepaar Zechner vom Verlag Johannes Heyn sagte ohne Zögern ja zu dem Vorschlag – und damit begann der Weg eines Buches, der heute in der Villacher Wohnung „der Leischners" zwar nicht endet, aber einen wichtigen Punkt erreicht hat.

Mir wird etwas wehmütig zumute, wenn ich daran denke, daß damit diese immer vom Licht-und-Schatten-Zauber, vom feinen Spiel der unzähligen Graustufen der Schwarzweißfotos gehöhten Gespräche – manchmal mit den Zechners, immer mit der liebenswert klugen Frau Gertrud, mit der Leischner nach Ilses Tod verheiratet ist, – daß diese Gespräche nun ein Ende haben werden ...
Ich gebe mir einen Ruck: Jetzt gilt es noch, „den Lebenslauf zu vervollständigen"; das Tonband läuft wieder.

Wie gesagt, das letzte Jahr ihres Aufenthaltes im Villgratental verbrachte die Familie Leischner in Außervillgraten, „näher der Welt". Damals baute Univ.-Prof. Dr. Erwin Aichinger sein legendäres Pflanzensoziologisches Institut in Arriach, nördlich von Villach, auf. Aichingers Frau war eine Tante von Frau Ilse. Und da er neben anderen Mitarbeitern einen „fähigen Zeichner und Fotografen" suchte, stieß er auf Hubert Leischner. So übersiedelte die Familie im Frühsommer 1949 nach Arriach, wo sie bis 1956 wohnte. „War auch eine schöne Zeit", meint Leischner, „und auch eine harte Arbeit, wenn auch in ganz anderer Weise hart wie dort droben in Innervillgraten. Drei Stunden hab ich gebraucht, bis so eine Pflanze naturgetreu gezeichnet und haargenau gemalt war. Jetzt", scherzt er, „hama eine Badewanne gehabt, aber monatelang war sie zweckentfremdet, weil sie von eingefrischten Gewächsen aller Art besetzt war."

Gelegentlich gab es Außendienst. So war er einmal längere Zeit im niederösterreichischen Stift Zwettl stationiert, um die Flora des Waldviertels systematisch aufzunehmen. „Da bin ih oft an der Grenze gstandn und hab wehmütig hinübergschaut."

Die schöne Frucht all dieser Arbeit waren die Farbtafeln Leischners zu dem Aichinger-Buch „Pflanzen als forstliche Standortanzeiger", Eine soziologische, dynamische Betrachtung, Wien 1967. Damals illustrierten Hubert und Ilse Leischner auch das Märchenbuch „Das Waldmeisterlein", welches im Erzherzog-Johann-Verlag, Graz, herausgegeben wurde. 1978 erschien in Klagenfurt das zweibändige „Kärntner Naturschutzbuch" von Hans Bach – auch dieses mit Farbtafeln und Tuschzeichnungen von Hubert Leischner. Er zeichnete überdies für mehrere Bundesländer die Schullehrtafeln geschützter Pflanzen.

Am 1. Februar 1956 übersiedelte die Leischner-Familie nach Villach. Da konnte Frau Ilse als Lehrerin für Kunsterziehung tätig werden; Hubert arbeitete hauptsächlich als Graphiker: Er gestaltete Orts- und Hotelprospekte und Buchumschläge, malte Panoramen, zeichnete Ortspläne. Er hatte sich nun der Farbfotografie zugewandt; so enthält der repräsentative Band „Adelssitze in Kärnten" von G. Lorenz Farbaufnahmen Leischners (1977), mit dem „Stadtbuch Villach" und verschiedenen Bergblumenkalendern erweist er sich auch in der Farbe als meisterhaft. „Aber meine Liebe", betont er, „gehört noch immer der Schwarzweißfotografie". Da sind wir uns wieder einmal vollkommen einig. Wir wenden uns wieder „unseren" Bildern zu, sprechen über Anordnungsfragen, über Reproduktionsprobleme – und über die Texte. Zu jedem Foto, stimmen wir überein, soll es einen kurzen Text geben – einmal von ihm als „Kommentar", einmal von mir als Betrachter, einmal von uns beiden.

Es ist spät geworden. Die Stadt liegt schon als Lichtersee im mondlosen Dunkel der Nacht, der Dobratsch ist nur mehr als ein Schattenriß zu erahnen. Frau Gertraud tischt Kaffee und köstlich mundendes „Selbstgebackenes" auf. Wir kommen noch einmal auf die Osttiroler Zeit zu sprechen. Tief berührt mich, mit welcher Liebe nicht nur Hubert von der 1975 verstorbenen Frau Ilse spricht, sondern auch Frau Gertraud; es ist, als wäre die schöne, tapfere Gefährtin jener schweren Jahre mitten unter uns. Sohn Michael, stellt der Vater mit Stolz fest, ist ebenfalls ein anerkannter, ein gesuchter Fotograf geworden, und Tochter Griseldis eine erfolgreiche Graphikerin, Porträtmalerin und kann auch gut mit der Kamera umgehen.

Bald geht mein Zug. Und ich bin schon rechtschaffen müde. Dem um zehn Jahre Älteren merkt man kaum Müdigkeit an. Was ihn so jung erhält? Die Arbeit. Neben Auftragsarbeiten, umfangreicheren und kleineren, erübrigt er noch immer Zeit, hat er noch immer Kraft genug, künstlerisch frei zu schaffen. So zeigt er mir seine besonders reizvollen Pinselzeichnungen mit weißer Farbe auf schwarzem Grund. Wie Holzschnitte wirken sie. „Als quasi Ersatz dafür sind sie zuerst auch entstanden. Mich hat die Holzschneiderei interessiert", erklärt er, „aber ich hab kein Material dafür gehabt. Aber schwarze und weiße Farbe und Pinsel hab ich gehabt..."

Er läßt es sich nicht nehmen, mich im Wohnwagen, mit dem die Leischners noch immer Reisen unternehmen („Mit'm Bergsteign geht's nimmer so recht, aber fahren, wandern, schauen, zeichnen, fotografieren..."), zum Bahnhof zu kutschieren. Unterwegs erzählt er mir noch lebhaft von seinen Plänen. Er fotografiert die Bauernhäuser der Windischen im Unterland, Impressionen von Bach, See und alten Winkeln in ganz Kärnten – „vielleicht wird ein Kärntner Buch daraus. Aber jetzt wart ich schon hart auf unser Buch. Ich freu mich darauf", sagt er beim Abschied.

Ich freu mich auch schon. Obwohl ich heute bereits weiß, daß ich mich später einmal mit Sehnsucht an die Zeit, an die Arbeit mit Hubert Leischner zurückerinnern werde – mit dem begnadeten Fotografen, mit dem faszinierenden Künstler, mit dem unermüdlichen Arbeiter, mit dem liebenswerten Menschen...

BERTL PETREI
JOHANNES E. TROJER

Hubert Leischner – erzählte und fotografierte Geschichte

Dieses Buch konnte kein Bildband im üblichen Sinne werden. Denn diese Bilder erzählen Geschichte und Geschichten. Sie sind nicht denkbar ohne das bewegte Leben des Hubert Leischner; nicht denkbar ohne den Hintergrund der „großen Zeiten", die seiner Generation in so überreichem Maße zuteil geworden sind; und sie sind nicht denkbar ohne den Umbruch in der Geschichte des Bauernstandes, dem gewaltigsten, seit der Mensch vom umherziehenden Hirten zum seßhaften Bauern wurde. Welch eine merkwürdige Fügung, daß das Ende des Zweiten Weltkrieges gerade *diesen* Fotografen gerade in *diese* Landschaft verschlagen hat: in das Gebirge, ins osttirolische Villgratental, in eines der letzten Rückzugsgebiete noch intakten bäuerlichen Lebens, Arbeitens, Fühlens und Denkens in Europa! Diesen Fotografen, der durch Herkunft, Schicksal und Einstellung sein Metier immer als „Kunsthandwerk", als Handwerk und Kunst, verstanden hat. Nur ein solcher war imstande, diese Zeitenwende und ihre Menschen einzufangen, und nur, indem er von ihr getroffen war und mit ihnen lebte. Wenn Leischner sagt, diese harte Zeit sei „die schönste seines Lebens" gewesen, so meint er damit mehr als den Kitzel des Außergewöhnlichen; diese kurzen Jahre waren die Erfüllung seines Lebens, der letzte Schritt zur Kunst nach Vollendung seiner handwerklichen Meisterschaft. Und wenn er noch heute „schwarzweiße" Bilder jeder Farbaufnahme vorzieht, ist auch das ein Bekenntnis zu jenen Jahren und ihren Bildern, zur Fotografie als Kunst, zum Bild mit Hintergrund, zum Foto, das nicht nur zum Schauen einlädt, sondern im Beschauer Mitdenken, Mitfühlen, Nachvollzug auslöst. Damit ist der Text ein zwar nur dienender, aber wesentlicher Bestandteil des Buches. Auch dieser Rückblick auf Leischners Leben.

1909: Am 30. September wird Hubert Leischner in Kremsier/Mähren geboren, wächst in einem Forsthaus auf, hat drei Geschwister, besucht die Volks-, vier Klassen Mittel- und die Handelsschule. Der Vater ist Oberforstmeister des Erzbischofs von Olmütz. Das Prägende der Kindheit in Heinzhof, meinte Hubert Leischner, war der Wald. Die Wälder, Wiesen und Felder breiteten sich über Erhebungen und Senken bis nach Hohenstadt an der Zohse aus. Der 1490 m hohe Altvater ist der Hausberg von Mährisch-Schönberg. Heute ist der Wald gestorben, kahl der Altvater. Wenn zu nächtlicher Stunde auf Waldblößen die Feuer brannten, die gegen die argen Forstschädlinge, die Nonnen, angezündet wurden, erzählten die Holzknechte Geschichten vom wilden Jäger, vom Kräuterweibl, das eine Hexe gewesen sei, vom Räuberhauptmann Grassel, der am Bärhof gehaust haben soll, vom steinernen Zigeunerkreuz und nicht zuletzt von den Wilderern im Kampf mit den Jägern. Letzteres beruhte zum Teil auf Wahrheit, denn auch Oskar, der Bruder seines Vaters, welcher in Reitwiesen Forstmann gewesen war, wurde ein Opfer seines Berufes.

Vom Vater hat Leischner das Leben mit der Natur gelernt, das Talent zum Zeichnen geerbt. Mütterlicherseits, die Salinger, waren generationenlang

k. und k. Offiziere. Die Eltern von Hubert waren treu monarchistisch. Er erinnert sich an das Kaiserbild auf dem Ehrenplatz, an eine Fahrt mit der Mutter nach Wien, damit er „den Kaiser sehen kann", an die Trauerfeier in Heinzhof 1916, als Franz Joseph I. starb. Erinnert sich an den weiten und mühsamen Weg zur Volksschule. In Mährisch-Schönberg besuchte er das Gymnasium. Das typisch altösterreichische Städtchen war nur von Deutschen bewohnt. Überhaupt lebten Tschechen und Deutsche getrennt nach Ortschaften; Mischehen kamen selten vor. Der Vater hätte gern einen Weid- und Forstmann aus dem Buben gemacht. Aber der liebte zwar die Natur, aber das Wild erbarmte ihn. So steckte ihn der Vater in die Handelsschule. „Ein Geldmensch, ein ‚Banker' hätt' ich werden sollen." Aber nach zwei Jahren nimmt er Reißaus...
1927: Musterentwerfer in der Seidenweberei Schefter in Hohenstadt. Ein Jagdfreund seines Vaters war der Chef der Textilfabrik Schefter. Hubert fragte ihn, ob er nicht einen Zeichner brauche. Ob er denn zeichnen könne? Eine Rose solle er ihm aufzeichnen. Hubert zeichnete, und er zeichnete so, daß er sofort angestellt wurde und nun Entwerfer von Krawattenmustern und Tischtüchern wurde. Seine Kenntnisse der Textiltechnik holte er sich in einem Sonntagskurs in Mährisch-Landskron, die Anregungen für seine Entwürfe in der Natur. Er wird ein unermüdlicher Wanderer, schließt sich der „Wandervogel"-Bewegung an, bald auch dem Alpenverein. Eifriges Mitglied ist er auch bei den „Finkensteinern", die Volkslied und -musik, Tracht und Brauchtum pflegen, und bei den „Guttemplern", die dem Alkohol und dem Nikotin abstinent waren.

Mehr und mehr hatte die Seidenweberei Schefter mit Schwierigkeiten zu kämpfen, Arbeitslosigkeit stellte sich ein. 1933 wurde auch Leischner entlassen.
Die Arbeitslosigkeit gab Leischner die Möglichkeit zu ausgedehnteren Rad- und Bergtouren mit Alpenvereinskameraden in den Ost- und Westalpen; ein-

mal auch auf den Großglockner, den sie über die Pallavicinirinne erstiegen, ausgerüstet mit zwölfzackigen Fußeisen, die damals neuartig waren. Eine Tour führte sie auch nach Wien. Auf der Ringstraße stieß Hubert auf ein Plakat, wo der Termin für die Aufnahmsprüfung in die „Kunstgewerbeschule" (wie damals die Hochschule für Angewandte Kunst noch hieß) angekündigt wurde. Er trat an, bestand und studierte von 1935 bis 1937 an dieser Anstalt Malerei und Graphik bei Prof. Paul Kirnig und Kalligraphie bei Frau Prof. Larisch, wobei er jedes Jahr in Wettbewerben mehrere erste Preise gewann. In dieser Zeit lernte er Peter Paul Atzwanger kennen, der an der Graphischen Lehr- und Versuchsanstalt Fotografie lehrte. Dieser und Rudolf Koppitz — einer der führenden Vertreter der künstlerischen Fotografie in der Zwischenkriegszeit — standen in einem gewissen, den Fortschritt in diesem Kunstmedium ungemein befruchtenden Gegensatz. „Atzwanger war ein feiner Mensch", erzählt Leischner. „Ich verdanke ihm nicht nur viele Tips für fotografische Techniken und Motive; er, Tiroler von Abstammung, hat mir immer von den Tiroler Bergbauern vorgeschwärmt und mir das Augenmerk und den Blick für diese Lebensform vermittelt." Es war eine schwere Zeit für den Studenten, Hungern und Frieren gehörte dazu. Eines Tages nun traf auf der Angewandten ein Schreiben der Firma Langer aus Deutsch-Liebau ein...

1937: Entwerfer in der Textilfabrik Langer in Deutsch-Liebau.

Die Leinen- und Seidenweberei Langer in Deutsch-Liebau, unweit der nordmährischen Stadt Mährisch-Schönberg, wo Leischners Familie in den letzten Jahren vor der Vertreibung wohnte, suchte einen Zeichner. Prof. Kirnig, selbst Sudetendeutscher, empfahl den talentierten Landsmann, der auch genommen wurde. Chefzeichner war ein gebürtiger Villacher namens Rudolf Canaval. Dieser kehrte 1939 nach Villach zurück und unterrichtete dort.

Selbstverständlich, daß Hubert Leischner, wie alle Deutschsprachigen in der

Tschechoslowakei, die Stunde der vermeintlichen Befreiung und den Anschluß an Deutschland am 1. Oktober 1938 begrüßte.

1939: der Zweite Weltkrieg. Leischner wird eingezogen.

1941: Leischner erlitt in Korosten bei Kiew eine schwere Kopfverletzung. Er kam nach Aussig ins Lazarett, dann nach Gießen, schließlich zu einer Genesungskompanie nach Wien. Das gab ihm Gelegenheit, seine Studien bei Prof. Kirnig fortzusetzen. Dabei lernte er Ilse Feldmann, seine spätere erste Frau, kennen, die an der Angewandten Fotografie und Gebrauchsgraphik studierte.

1942: Leischner kam nach Berlin und wurde von Dr. Paul Wolff eingeschult, einem Pionier der Kleinbildkamera. Er wird wieder „kriegsverwendungsfähig", wie es damals hieß. Seine Einsätze als Bildberichter brachten ihn an alle Fronten.

1944: Urlaub in Außervillgraten, erster Aufenthalt im Villgratental. Einen Fronturlaub im Herbst des Jahres verbrachte Leischner in Außervillgraten, wo seine Verlobte mit ihren Eltern auf Erholung war. Es war schon abzusehen, daß der Krieg verloren und sein Ende nahe war. Ilse und Hubert planten für diesen Zeitpunkt ihren ganz persönlichen „Rückzug": Sie vereinbarten, daß sie sich in Villgraten treffen und dort unter allen Umständen aufeinander warten wollten. Als es Leischner Anfang 1945 freigestellt wurde, zu wählen, wohin er sich abkommandieren lassen wollte, wählte er Italien, um den ausgesuchten Zufluchtsort in den Tiroler Bergen nahe zu haben. In Mailand, wo er stationiert war, wurde dann noch über den Kapitulationstermin der Südarmee hinaus bis Mitte Mai gekämpft.

1945: Bei Nacht und strömendem Regen gelang Leischner die Flucht. Er gelangte bis Pocol bei Tarvis, wo er in amerikanische Gefangenschaft geriet. In Pistoia stand er „mit einer halben Armee Gefangener drei Tage lang ohne Decken in Regen und Dreck". Im Lager Brescia konnten sie zelten. Dort ver-

trieb er sich die Langeweile mit Zeichnen und Aquarellieren. Dafür verwendete er Tinte und schwarzen Kaffee. Im August 1945 wird Leischner in Modena aus der Kriegsgefangenschaft entlassen. Auf amerikanischen Lastwagen geht es über Villach nach Kapfenberg zur österreichischen Entlassungsstelle, wo sie nicht besonders freundlich empfangen wurden. Und Ende September trifft Leischner in Villgraten ein...

Doch nun soll er selbst weitererzählen – von den Jahren im Villgratental. Und damit überleiten zu den Fotos. Es beginnt mit dem „Einzug" in Innervillgraten.

HUBERT LEISCHNER

Erinnerungen

Die Zugsverbindung Lienz–Sillian war noch unterbrochen, und der Personenverkehr wurde mit einem alten Lastwagen, in dem auch manchmal Ziegen und Schafe befördert wurden, bewerkstelligt.
„In Panzendorf müssen Sie aussteigen", meinte hilfsbereit der Fahrer, der wohl ahnte, daß ich nicht aus Villgraten stammte.
Als Kriegsgefangener war ich nach hier entlassen worden, in einen Ort, den ich ein Jahr vorher in einem Kurzurlaub erst einmal gesehen hatte.
Ilse Feldmann hatte mit mir in Wien die Hochschule für Angewandte Kunst besucht. Sie war mit ihren Eltern viele Jahre in Villgraten auf Sommerfrische gewesen. Wir hatten uns in der Schule schon gern gehabt und beschlossen, uns in Villgraten zu treffen, da sich das Kriegsende schon abzeichnete. Nach Mährisch-Schönberg im Sudetenland konnte ich nicht mehr zurück. Ich wußte nichts von meinen Angehörigen und den Leuten, die ich kannte. Ich übergab meine Reserveausrüstung, eine Leica IIIc mit Objektiven 5, 9 und 13,5 cm Brennweite mit 30 m Agfa Isopan F und Ultra-24-DIN-Film, Rodinal-Entwickler und Fixierbad ihr zur Aufbewahrung. An dies alles dachte ich auf meinem Weg ins Tal. Ich dachte an meine und unsere Zukunft. Wie werden wir leben? Werden wir uns treffen, lebt sie noch – oder? Es war ja Krieg gewesen. Es war Ende September und schon ziemlich kalt.

Beim Bauer Hans Perfler fragte ich zaghaft an, ob Ilse da sei. Ich hatte Angst vor der Antwort. Ilse sei in Volkzein auf der Alm und müßte bald kommen. Er bringt mir eine Hacke, und da ich ja sowieso warten mußte, könnte ich ja inzwischen Holzhacken. Ilse war, während sie auf meine Heimkehr wartete, als Magd und Sennerin tätig und half der Bäuerin bei ihrer schweren Arbeit. Unsere Wohnungssuche gestaltete sich äußerst schwierig. Überall wurden wir abgewiesen. Wir schliefen in Almhütten und haben uns mit Heu zugedeckt. Schnee und Rauhreif lagen schon auf den Höhen, und schneidender Wind fegte darüber hin. Ilse hatte ein wenig erspartes Geld, und so schafften wir es irgendwie. Ihre wenigen Habseligkeiten hatte sie beim Bauer eingestellt, und so waren wir beweglich und konnten Umschau halten. Bettelnd zogen wir durch das Tal und hatten endlich Glück. Der Bürgermeister Alois Lusser stellte uns das alte Haus am Eggeberg, das schon 40 Jahre unbewohnt war, gegen eine geringe Miete zur Verfügung. Es klebte buchstäblich am Steilhang. Eine Seite des Gebäudes stand auf festem Boden, alles andere war auf Stützbalken frei in der Luft. Türen und Fenster, in denen die Scheiben fehlten, waren locker oder ließen sich überhaupt nicht mehr schließen. Frische Luft und Kälte war in allen Räumen, und wenn die Lahnen (Lawinen) durch die nahe Rinne niedergingen, hob und senkte sich der ganze Bau, und die Stubn waren einmal voller Schneestaub. Durch diese Rinne kam auch unser Brennholz, das uns Lusser und Michele Walder und Geschwister, die unsere hilfsbereiten Nachbarn waren, schenkten.

Da wir beide geübte Bergsteiger waren, gelang es uns, einen Teil dieser kostbaren Fracht zu bergen. Ein kleines Eisenöferl überließ uns leihweise Alois Senfter. Von der Oberstaller Alm konnten wir es abholen. Vinzenz aus Kalkstein gab uns als Feuerschutz hinter das Öferl eine Asbestplatte, die er selber hätte gut brauchen können. Die getäfelte, aber kleinere Kammer über der Stubn richteten wir uns häuslich ein. Irgendwoher bekamen wir etwas Glas für die beiden kleinen Fenster. Eine kleine Vorratskammer fand sich auch. Sie wurde von mir als Dunkelkammer benützt. Kienspäne fanden wir im Haus. Es wurde wirklich besser, als Ilse eine kleine Petroleumlampe aus Villach mitbrachte. Meine Kamera-Ausrüstung hatte sie retten können. So konnte ihre Übersiedlung mit Perflers Rössel, das sie übrigens eigenhändig lenkte, im Bilde festgehalten werden. Wie verschieden waren doch die Aufnahmen, hier Frieden und umringt von einer Schar Schulkinder, die sich uns freudig anschlossen, und vor kurzem noch Krieg und Verwüstung. Mich überkam ein großes Glücksgefühl. Unsere Nachbarn stellten uns ihren Brunntrog mit Wasser umsonst zur Verfügung.

In der Gemeinde wurde ich als Staatenloser geführt und durfte mich nur 10 km im Umkreis bewegen. Auf meiner Almosentour kam ich zu einem Hof, der unser Leben für fast drei Jahre bestimmen sollte: Oberlifter am Eggeberg. Ich hatte um ein paar Kartoffeln gebeten und fragte, ob ich etwas helfen könnte. Es war die Burgi, die ich fragte. Sie antwortete: „Dich schickt uns der Herrgott. Wir sind nur lauter Weiberne. Der Bruder ist in Rußland geblieben, und der Seppele ist schon alt." So war ich nun angestellt für Essen und Gotteslohn. Ich stand nun mitten im Bauernleben und erinnerte mich an Prof. Peter Paul Atzwanger, der in der Graphischen Lehr- und Versuchsanstalt in Wien Fotografieren lehrte. Ich hatte von ihm ausdrucksvolle Aufnahmen von Bergbauern gesehen. Nun bot sich mir hier auf einmal die Gelegenheit, mitten aus dem unverfälschten Leben der Bergbauern „Menschen im Gebirge" fotografisch zu gestalten. Es war damals noch die Zeit, wo alles mit der Hand gemacht wurde. Ich ahnte, daß wir an einer Zeitenwende standen. Ich war nur noch das Foto- oder Eggermandl und hatte meinen Freibrief. Überall half ich, wo ich konnte, und machte dabei meine Aufnahmen. Vom Oberlifter bekamen wir einen gefüllten Strohsack und vom Pfarrer eine Decke. Wir mußten beim Heizen recht sparen, denn der Winter konnte in dieser Gegend recht lange werden. Das Wasser in der Schüssel bekam manchmal eine Eisschichte, und Rauhreif bedeckte die Bettdecke. Eines Nachts schüttelte ein Sturm das ganze Haus, und der Bau fing zu beben an. Es knarrte und krachte. Eine Kette klirrte, und die lockeren Sollerbretter stimmten ein höllisches Klappern an, und man konnte fast glauben, daß über die Treppe der Leibhaftige steige. Ich ging aus der Kammer, um nachzusehen, und Ilse ging hinter mir mit einem Prügel als Rückendeckung. Das Kettenklirren stammte von einer aufgehängten Kuhkette, die an lose Holzbretter schlug. Das Kreischen und Schlagen kam von einer ungeschmierten Stubentüre, die auf und zuging.

Der erste Film war belichtet. Entwickelt wurde in einem Suppenteller. Unterbrechungsbad war Sauerkrautwasser. Fixiert wurde in einem Topf, in dem sonst Milch gekocht wurde. Im nahen Bach wurde dann gewässert. Da wir keine Uhr hatten, wurde die Entwicklungszeit durch Klopfen an der Kammertür bestimmt.

Das Tal ist eine Sackgasse. Am Ende liegt Kalkstein, ein kleiner Ort mit ein paar Häusern und einer Kirche. Dahinter stehen hohe Berge, und nur schmale Steige führen nach Südtirol. Obwohl die Bauernarbeit schwer war, fühlte ich mich wie in einem Kurort. Es war der große Kontrast zwischen Frieden und Kriegsnot. Die Freiheit war für mich überwältigend. Das Leben dieser Leute strahlte für mich Ruhe und Gelassenheit aus. Die Opfer des Krieges wurden stillschweigend hingenommen. Alles liegt in Gottes Hand.

Am 15. Oktober 1946 kam Michele auf die Welt. Die Lifter Burgi war seine Gotl. Von seiner Hebamme bekam der Neuling vier Windeln aus Bauernleinen. Moscher Peter stiftete eine Wiege. Die Witterung wurde immer unwirtlicher, und wir machten uns Sorgen um den Kleinen. Ilse konnte ihm nichts

22

bieten, und Kuhmilch vertrug er nicht. Dr. Heckenleitner aus Sillian verschrieb ihm Hafermehl mit Wasser, und Michele wurde ein festes Bübl. Da der Arzt kein Honorar verlangte, malte ihm Ilse eine Muttergottes mit Kind auf eine Holzplatte.

In die Wiege gaben wir Heu, und aus den Windeln nähte Ilse zwei Säckchen. In einem steckte jeweils der Kleine, während das andere zum Trocknen am Soller hing. Über alles banden wir die halbierte Decke des Pfarrers, damit das Machwerk seinen Halt hatte. Auf diese Art vor Kälte geschützt, überstand der Kleine gut den Winter.

Eines Tages fiel mir der Wandschoner ein, den wir zu Hause im Forsthaus an der Wand hängen hatten. Es stand gleich fest: Wandschoner müßte man machen! Ilse brachte Zeichenpapier und Farben aus Villach mit, und das Unternehmen konnte beginnen. Die Kunden gaben die Texte. Sogar auf dem Bild „Weg über den Berg" hat Burgi im Rucksack eine Rolle dieser Wandschoner. Sie wurden über den Berg geschmuggelt. Heute, nach so vielen Jahren, kann man diese Kunstwerke noch in Bauernhäusern sehen.

Langsam konnten wir in unserem Beruf Fuß fassen. Hotelprospekte und Firmenzeichen, Etiketten für Weinhandlungen, Hotels und Kaufhäuser in Lienz und dem nahen Südtirol machten wir auf Bestellung. Kinderkrippen aus Holz wurden entworfen. Ein Kinderbilderbuch „Zimperling im Wurzelschloß", das Ilse gemalt hat, wurde bei Literaria herausgebracht. Die Gedichte dazu stammten von Frl. Lanser, die oft bei uns weilte. Körperliche und geistige Arbeit wechselten nun einander ab, und meine fotografische Tätigkeit nahm an Umfang zu.

Oft wurde „Schmuggler und Finanzer" gespielt. Nie gingen diese Grenzgänger bewaffnet. Ich wurde als Dazugehöriger betrachtet. Dies zeigen die Bilder „Weg über den Berg" und „Blick ins Nachbarland". Nach heutiger Sicht war das Geschmuggelte nicht einmal die Schuhsohlen wert. Die Leute hatten damals ja selber nicht viel. Schuldirektor Johannes Trojer schrieb zu meiner Bilderausstellung in Villgraten über eine fast mittelalterliche Begebenheit folgendes: „Für Hubert Leischner und Ilse Feldmann ergab sich sehr bald ein dringliches Problem: In einer sittenstrengen Gemeinde wie Innervillgraten war es auf Dauer untragbar, daß Mann und Frau in sozusagen wilder Ehe zusammenlebten. Leischner spricht sogar von einer Art ‚Bauernaufstand‘. Das wurde besonders aktuell, als sich nicht mehr verbergen ließ, daß Ilse in guter Hoffnung war. Aber da gab es noch ein Problem, und noch eines. Leischner konnte standesamtlich als Staatenloser nicht heiraten, da hätte Ilse ihre Staatsbürgerschaft aufgeben müssen. Andererseits durfte die Kirche eine Trauung nicht vor der staatlichen vornehmen. Eine Abordnung Villgrater Bauern wurde bei Dekan Hanser in Sillian vorstellig und argumentierte, ob das Ehesakrament nicht mehr wert wäre als ein aus der Nazizeit beibehaltenes Gesetz. Pfarrer Kofler wurde unter Druck gesetzt, die kirchliche Trauung ohne die staatliche zu gestatten. Er sicherte sich in der Weise ab, daß er Leischner vor einer brennenden Kerze eine Bestätigung unterschreiben ließ, er habe unter dem Druck der Bevölkerung die Trauung genehmigt. ‚Für uns aber war es eine Überlebensnotwendigkeit‘, sagt Leischner.

Noch ein Hindernis war vor der kirchlichen Heirat zu beseitigen: Ilse Feldmann war Protestantin, war aber bereit, zur römisch-katholischen Konfession überzutreten. Sie mußte daher beim Pfarrer Kofler Konversionsunterricht nehmen; beim Lernen zu Hause fragte sie der Mann die Katechismusfragen ab. Die Konvertitenfeier mit Beichte, Kommunion und Firmung, alles in einem, fand vermutlich an einem Sommersonntag 1946 statt, vor versammelter Pfarrgemeinde, ein einmaliges Erstereignis im Bauerndorf: Ilse, schwangeren Zustands im langen weißen Kleid, mit einer brennenden Kerze in der Rechten, vor dem Kircheneingang, umstellt von dunkelgekleideten Bauersfrauen, An-

dächtigen und Schaulustigen. ‚Wie ein Engel' sei sie gewesen, lobten nachher die Nachbarinnen. Leischner war an diesem Tag auf die Alm geflüchtet.
Am 26. August 1946 fand in der Wallfahrtskirche Maria Schnee zu Kalkstein vor dem slowenischen Flüchtlingspriester Kunstelj die Trauung statt. Pfarrer Kofler schrieb in die Pfarrmatrik ein: ‚Bräutigam Hubert Leischner, Gebrauchsgraphiker, geb. 30. September 1909 in Kremsier/Mähren, ehelicher Sohn des Franz Leischner und Hermine Sallinger; wohnhaft zu Oberegger. Braut Ilse Feldmann, Gebrauchs- und Photographikerin, eheliche Tocher des Dr. Arthur Feldmann und Gertraud Martinek, geb. 5. 9. 1923 in Villach.' Trauzeugen waren Peter Schett/Moscher und Josef Schett/Lifter. Leischner trug leihweise Hut und Anzug vom gefallenen Oberlifter-Sohn Ignaz. Die Lifter-Burge sagte ein Gedicht auf. Es war ein Montag. In der Oberlifter Stube war das ‚Mahlele', sogar Strauben wurden aufgetischt. Den Wein hatten sie über die Grenze geschmuggelt. Die Hochzeitsgesellschaft bestand aus dem Brautpaar, den Hausleuten und Moscher-Peter. Ein Erinnerungsfoto wurde noch gemacht, dann ging's aufs Feld an die Arbeit – es war ja Werktag." Soweit der Bericht von Direktor Johannes Trojer.
Am Ende des dritten Jahres bot uns der Oberlehrer Obrugger ein schönes Dachbodenzimmer im Schulhaus von Außervillgraten an, und Perflers Rössel zog wieder einmal unsere Habe samt Holzvorrat zum neuen Domizil.
Dann kam die entscheidende Wende in unserem Leben. Prof. Erwin Aichinger, Botaniker und Leiter des Pflanzensoziologischen Instituts in Arriach (Ilses Onkel), benötigte einen guten Aquarellmaler, Zeichner und Fotografen. Wir übersiedelten also nach Arriach.
So nahm das Abenteuer Villgraten sein gutes Ende.

Für jeden, der auf dem Lande aufgewachsen ist, gehört wohl die Erinnerung
an das Hirtenglück zu den schönsten: Man tat schon etwas Nützliches
und konnte dabei träumen, man tat eine Arbeit, die doch keine Arbeit war,
man war schon wer, denn man hatte „Untertanen", die man befehligte
und beschützte.

Ach, daß wir das verloren haben in der Unrast unseres heutigen Lebens:
diese Geborgenheit der Kreatur in der Natur, der sie ganz zugehört
wie die Wiese und der Wald . . .

Es ist, als hole der Hof, das Haus die Menschen nach des Tages Müh
und Unrast heim. Der Rauch aus dem Kamin verheißt nicht nur Nahrung
und Wärme – geruhsame Rast und Einkehr zu sich selbst verheißt er.

Das genügsame Schaf – „es putzt das Gstrüpp von die Almen, braucht nit amol
a Wasser, lebt vom Tau", behauptete ein Almhalter herüben, im Gailtal –
wird in unserer Zeit „wiederentdeckt". Aber was bedeutete es einst für den
Bergbauern in seinem ewigen Kampf mit zwei Hauptfeinden: mit dem Hunger
und mit der Kälte! „Schaun S', der Bub hat noch a Militärmützn auf!"
sagt Leischner in diese meine Gedanken. „Er is im Krieg aufgewachsen..."

Man sieht, welche Kraftanstrengung das Wringen der großen Wäschestücke erfordert. Aber die von Hand gewaschene und von Luft und Sonne getrocknete Wäsche ist von einer Sauberkeit und von einem Wohlduft, wie sie kein chemisches Waschmittel erreichen kann.

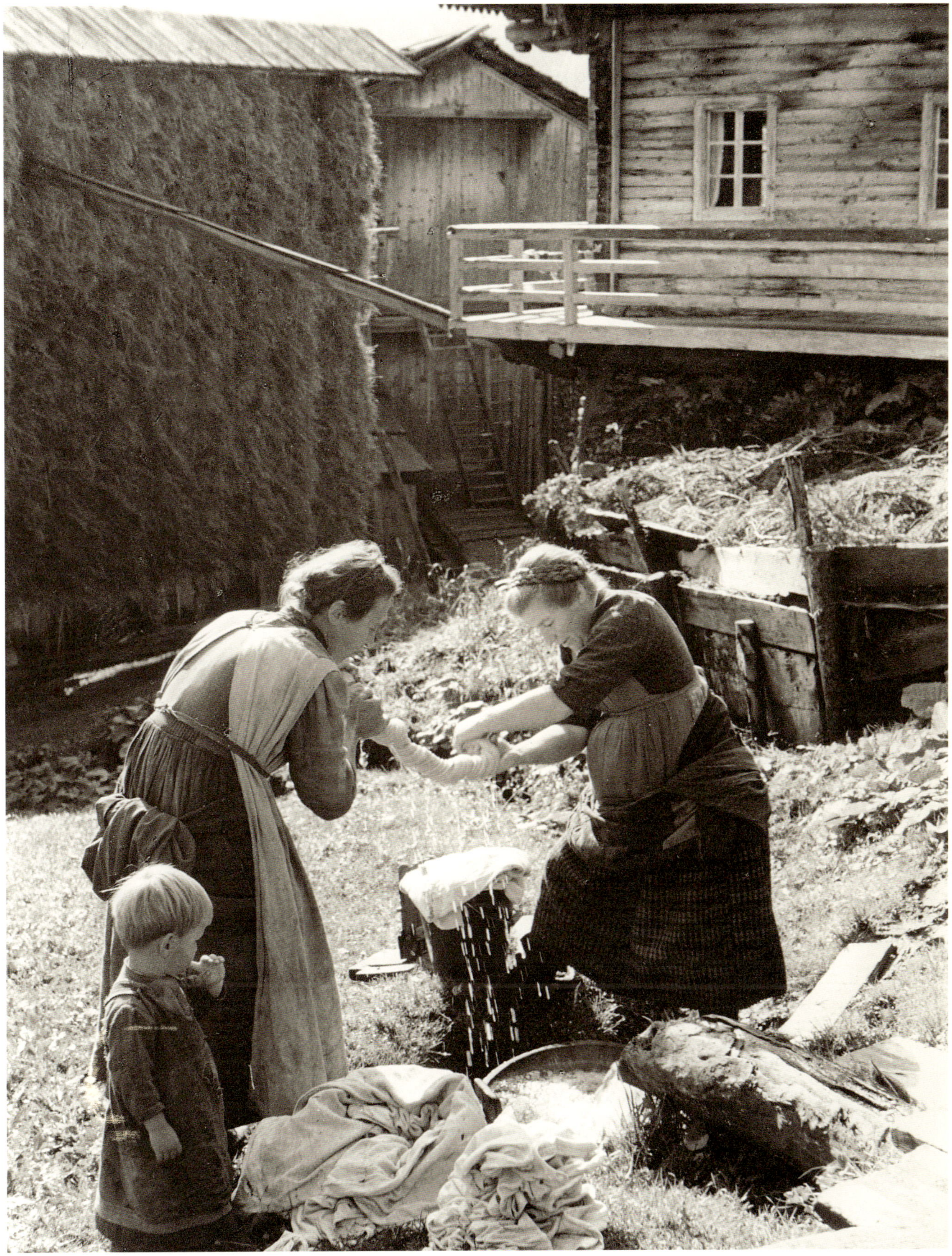

„Getreide wachst nicht viel was", erläutert Leischner: „Hafer wachst,
a bißl Gerste und Kartoffeln, die gedeihen ganz gut, wenn sie nicht im
Sommer erfrieren. Und eben Flachsbau haben sie."
Vor langen Zeiten auf geheimnisvollen Wegen ist die blaublühende
Leinpflanze aus Asien zu uns gekommen. Nach der Ernte und dem Trocknen
beginnt mit dem Brecheln – der Trennung der Faser vom Holz der Stengel –
die eigentliche Bearbeitung des Flachses in vielen Arbeitsgängen bis zum
Leinen.

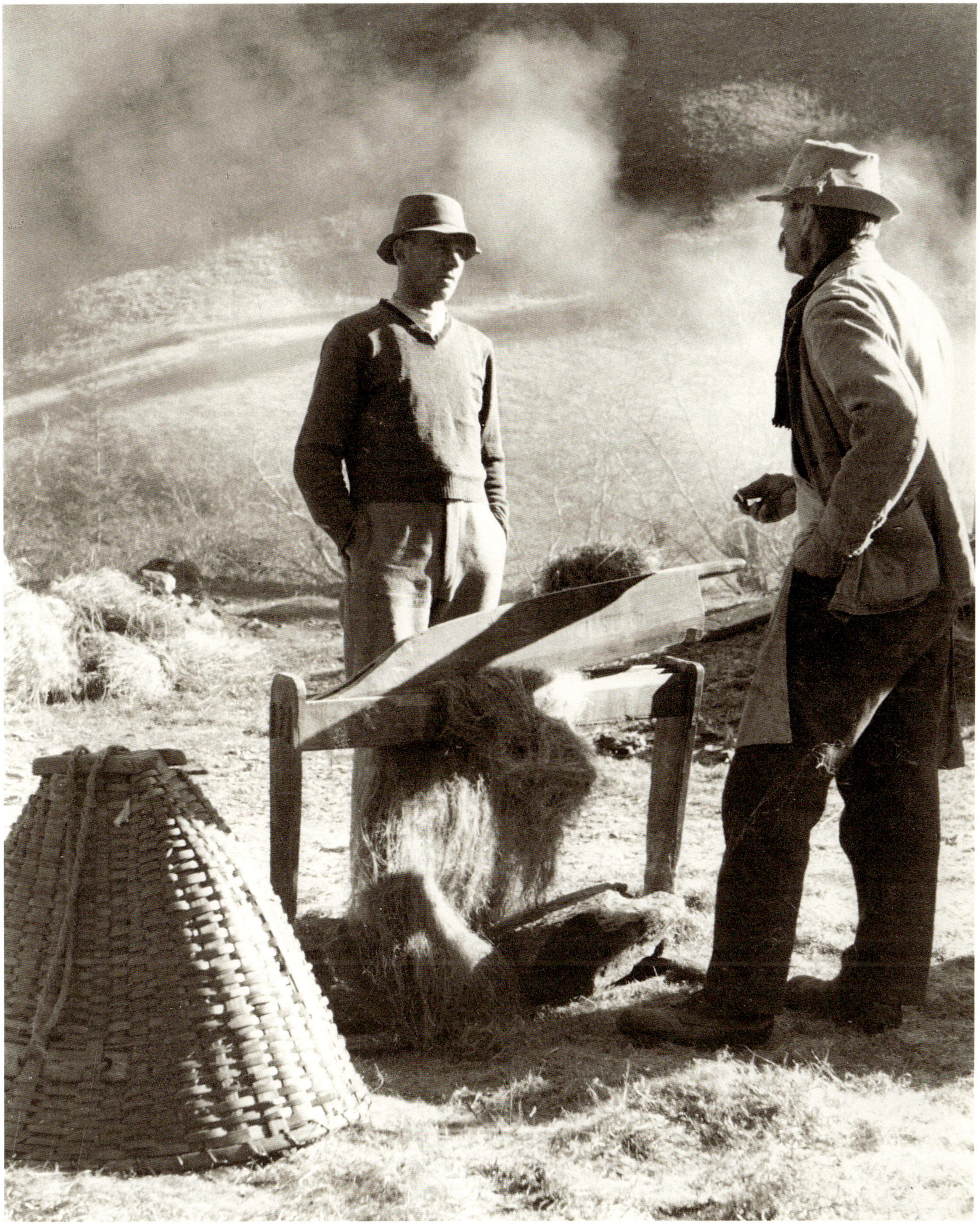

Bei allen Völkern, zu allen Zeiten war die letzte Garbe Anlaß zum
Dankgebet . . . an die Götter, an die Natur, an den Herrgott. Nie vergißt der
bäuerliche Mensch seine Lebensabhängigkeit von höheren Mächten,
er weiß, daß letztendlich „an Gottes Segen alles gelegen" ist.

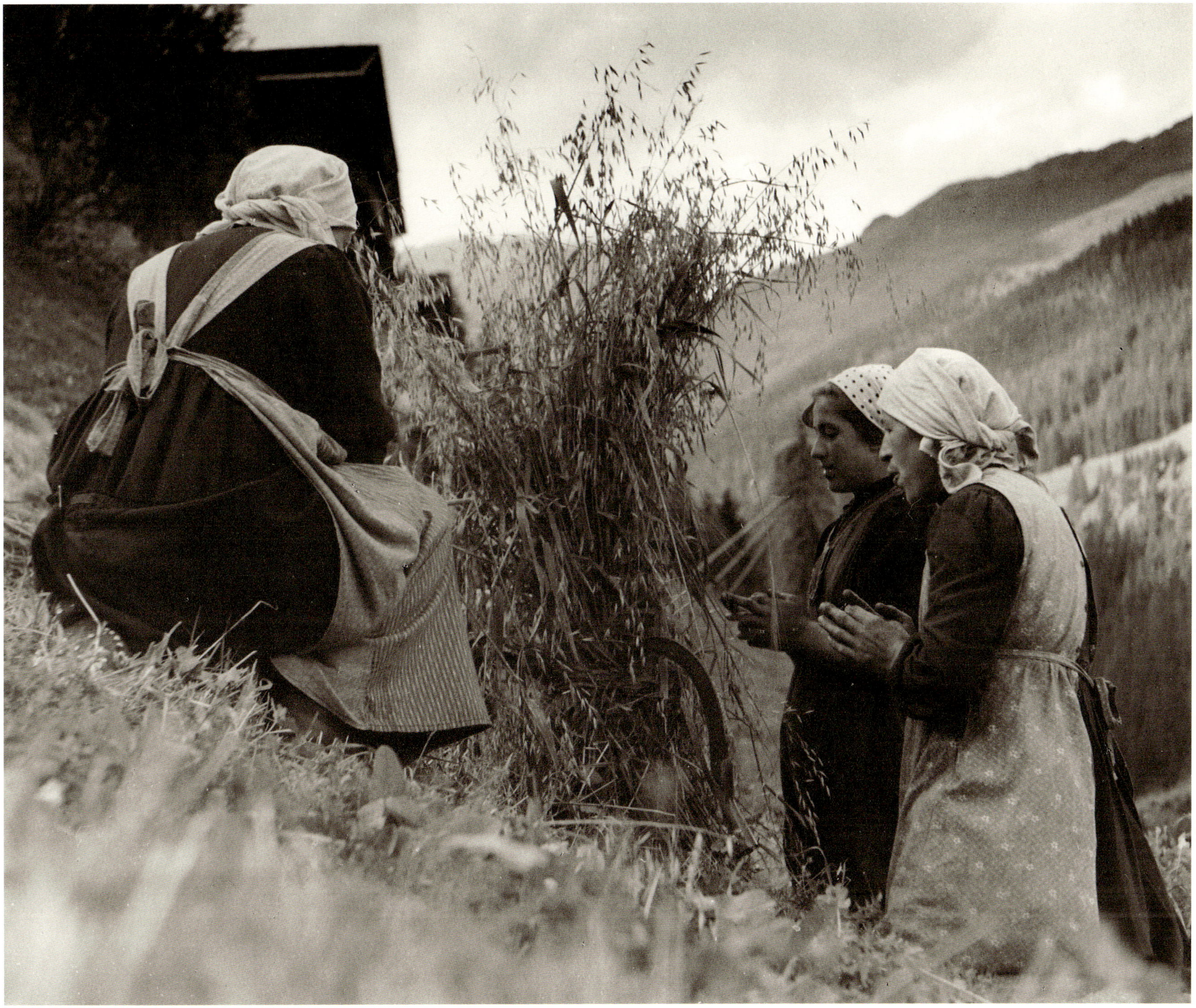

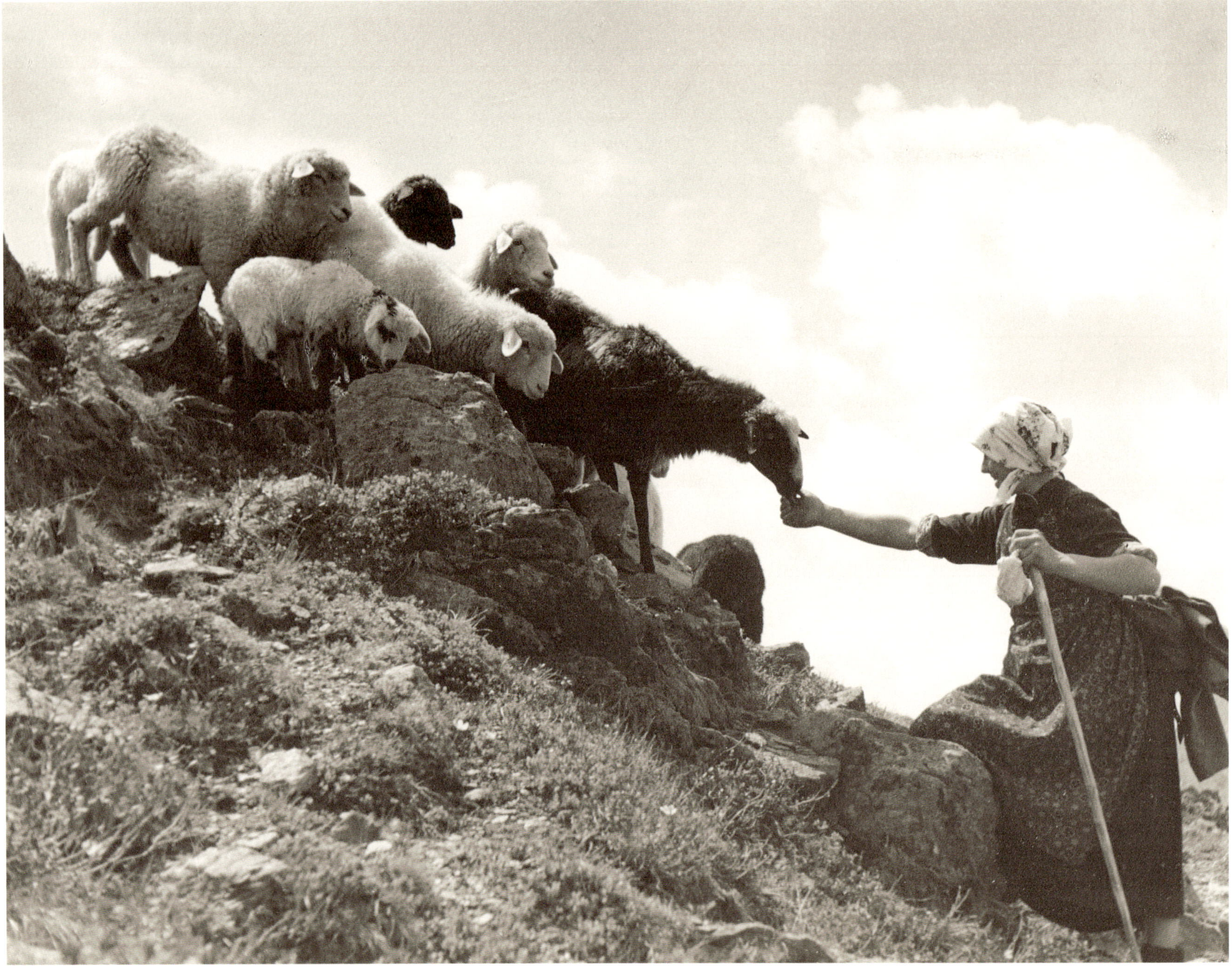

Die Schafe weiden gern ganz hoch oben, sie lieben das würzige
„Gras beim Stan". Und wenn dann gar die Burgi mit'm Salzleck kommt! –
„Das is so ein Beispiel: Im richtigen Augenblick abdrücken muß man!
Im nächsten Moment is schon vorbei. So ist halt das Leben: Jetzt is es so –
und im nächsten Augenblick is eben anders . . ."

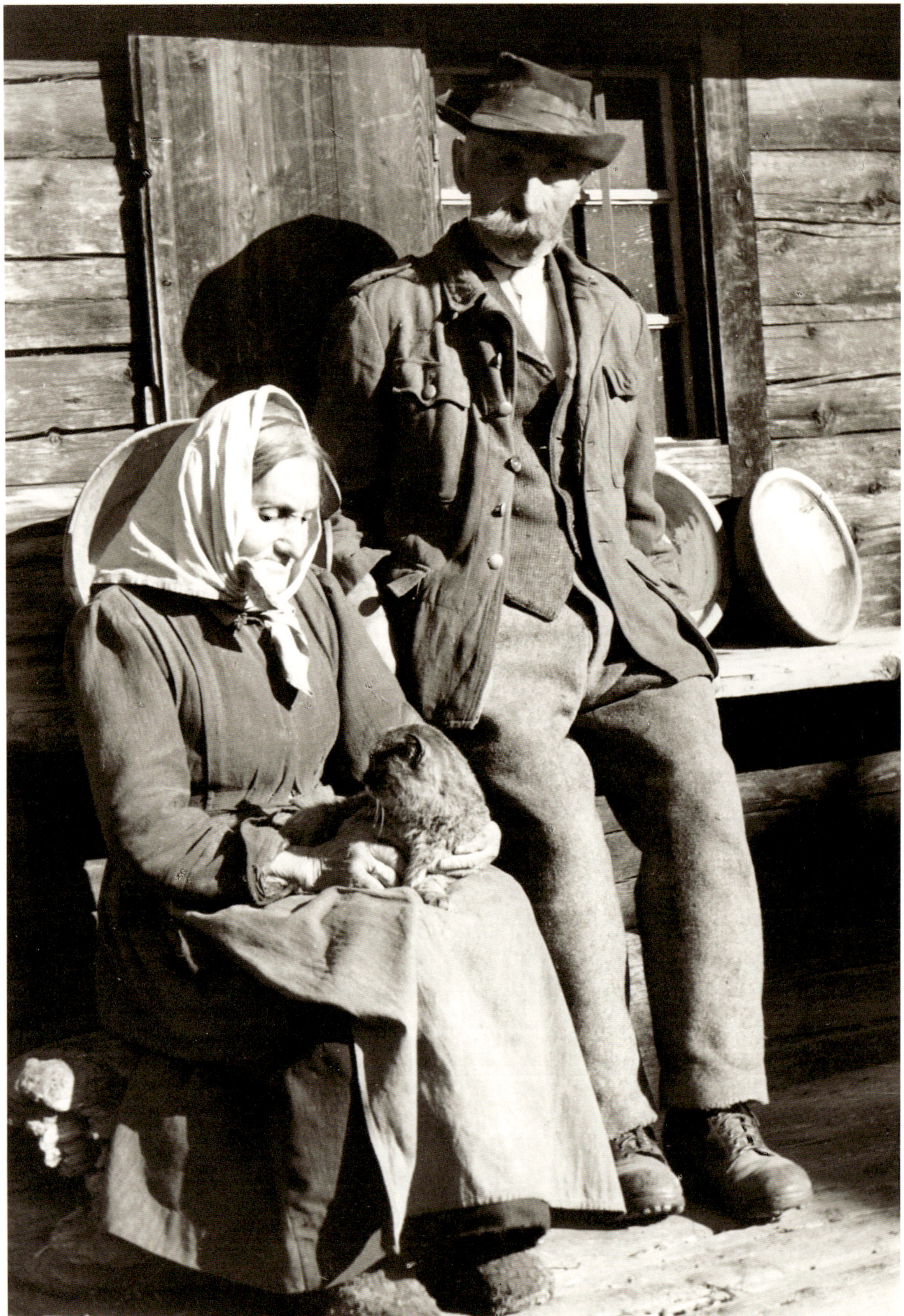

Das „Ausgeding" entspricht wohl dem hochsprachlichen „Ruhestand".
Aber es ist keiner, kein ganzer. Die Altbäuerin schaut auf die Kinder und
versorgt das Kleinvieh, steht wohl noch am Herd; der Altbauer „machelt" im
Haus und an den Gerätschaften herum, macht das Brennholz und übernimmt
wohl auch die Fütterung im Stall, wenn alle jungen Hände draußen gebraucht
werden. Aber es gibt mehr Rast und Geruhsamkeit, das Leben ist
langsamer geworden – man muß behutsamer damit umgehen.

Die liebreiche Gruppierung wird nicht von langer Dauer sein.
Die Mutter hat nicht viel Zeit für Zärtlichkeit, schon ruft wieder irgendeine
Arbeit. Aber das Kleinste greift schon nach den Händen der „großen"
Schwester, die bald Mutterstelle an ihr vertreten wird. Die Kinder in der
bäuerlichen Familie „erziehen" einander – und das Arbeitsleben, an dem
sie bald Anteil haben, erzieht sie.

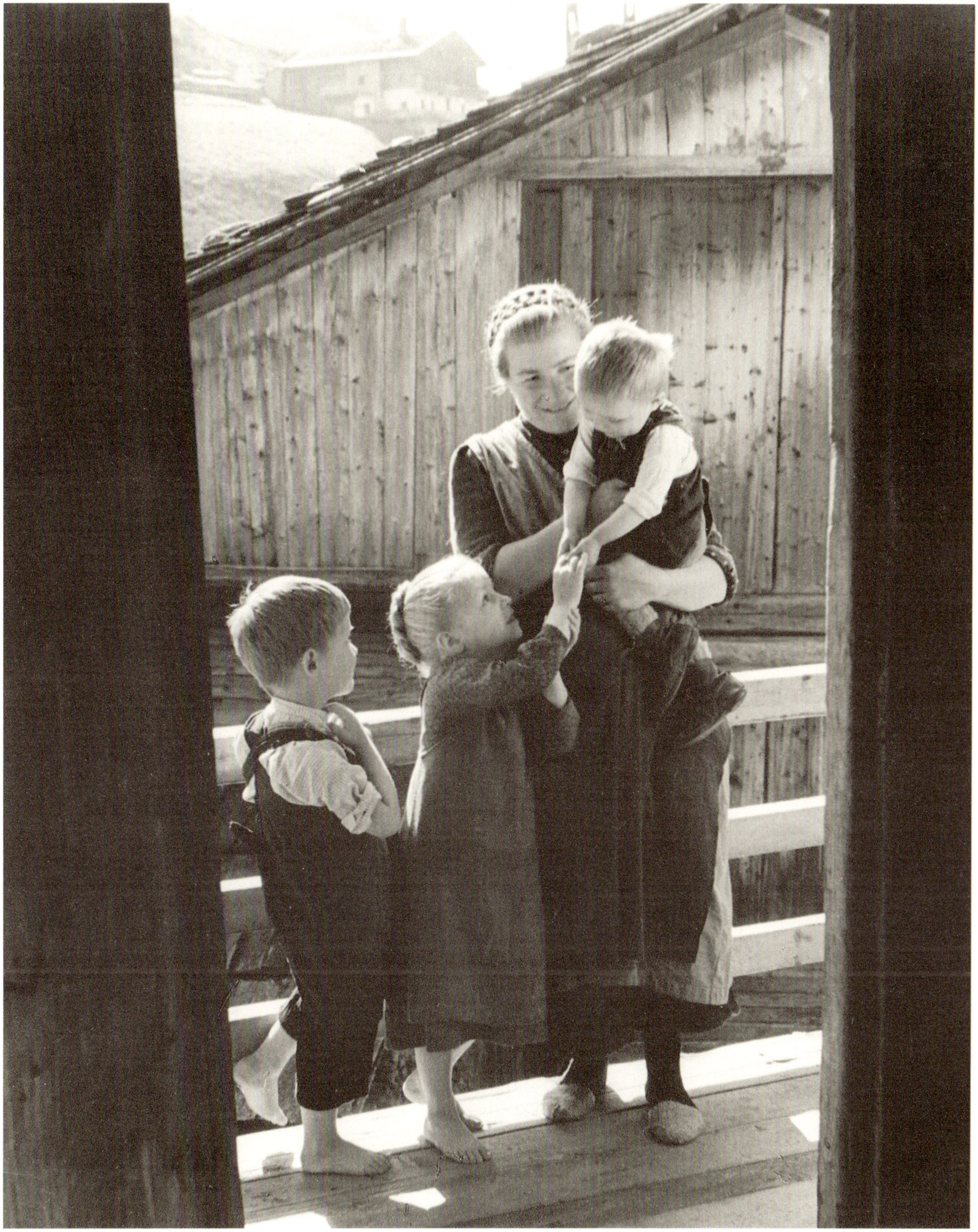

„Das is mein Ableger", deutet Hubert Leischner, „mein Sohn, der Michl.
Der Sonnenstrahl? Der Fotograf muß halt immer bereit sein, auch den Zufall
erhaschen. Das is übrigens eine geliehene Wiege. Das is alles geliehen da
oben. Sogar das Stroh und das Heu ist geliehen. Ich hab ja nix gehabt –
außer der Kamera."

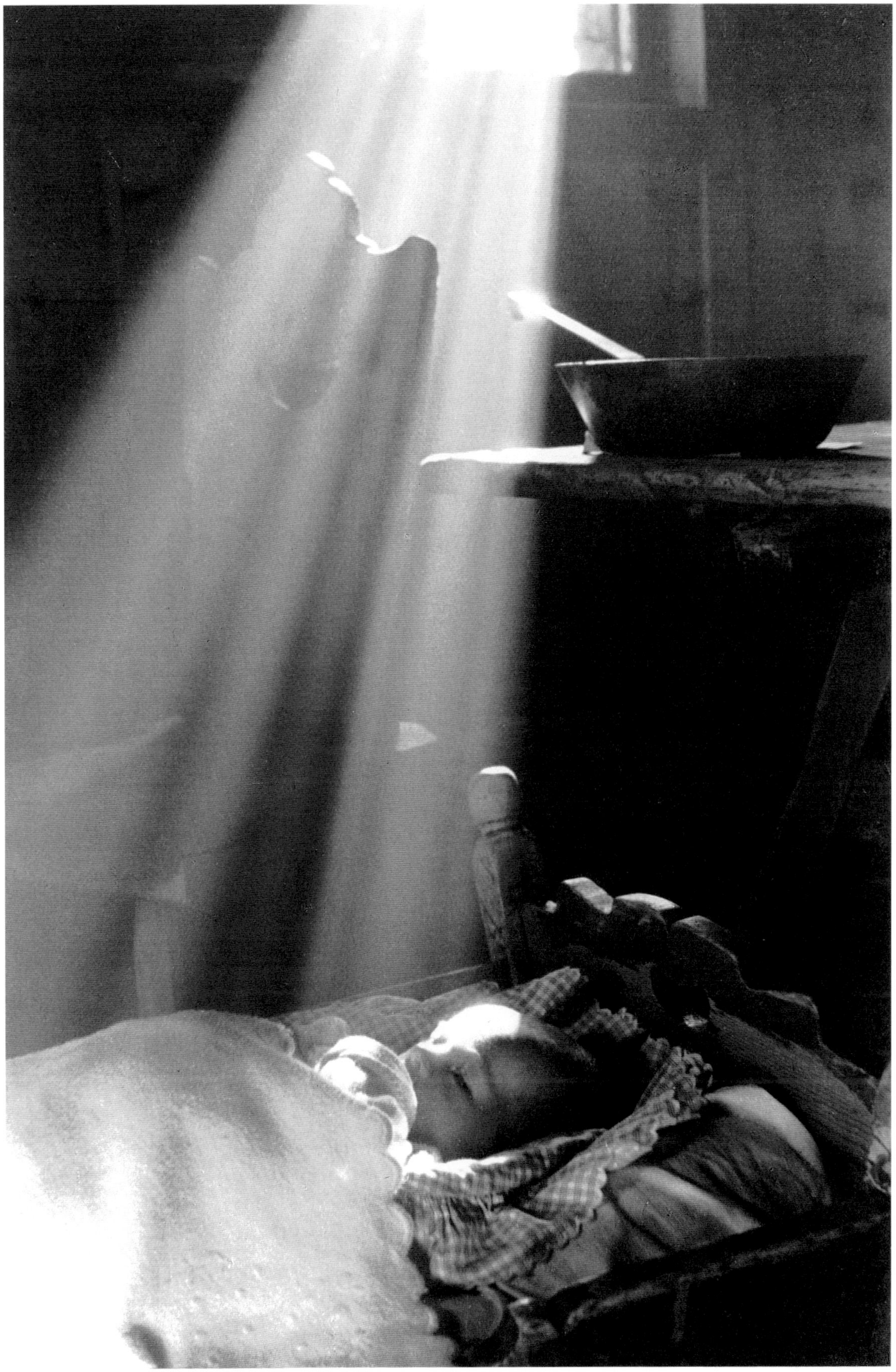

Wie die zwei mütterlich liebevoll und ein bisserl neidisch auf die primitive
Puppe schauen ... Und die zärtlich besitzergreifende Gebärde der
Puppenmutter: „Mein is'! Mir g'hört s'!" – „Ich sag nie: ‚Stell dich rüber!
Dreh dich her!' Dann is aus. Was wie ‚Komposition' ausschaut, ist einfach der
richtige Moment der Wirklichkeit."

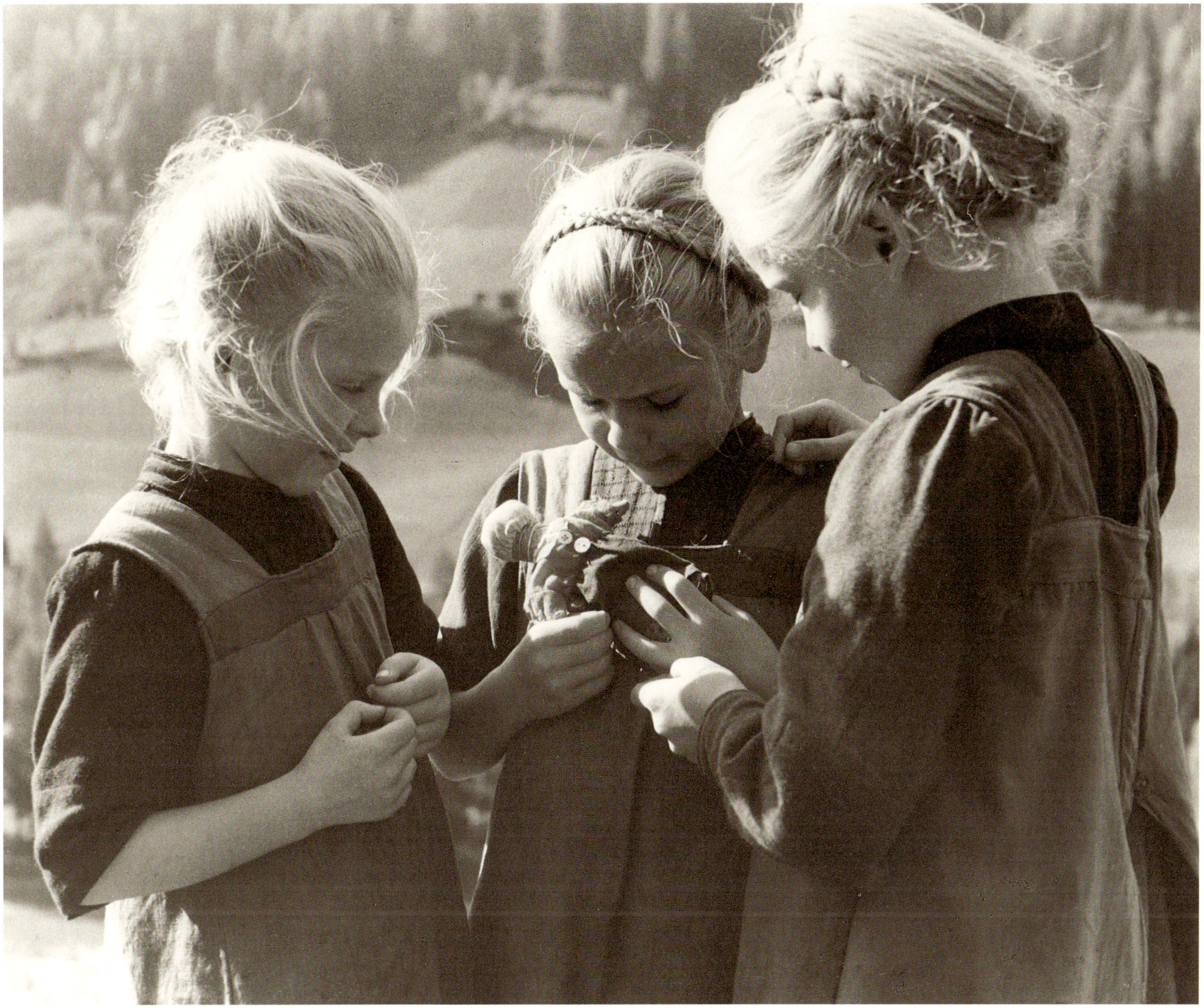

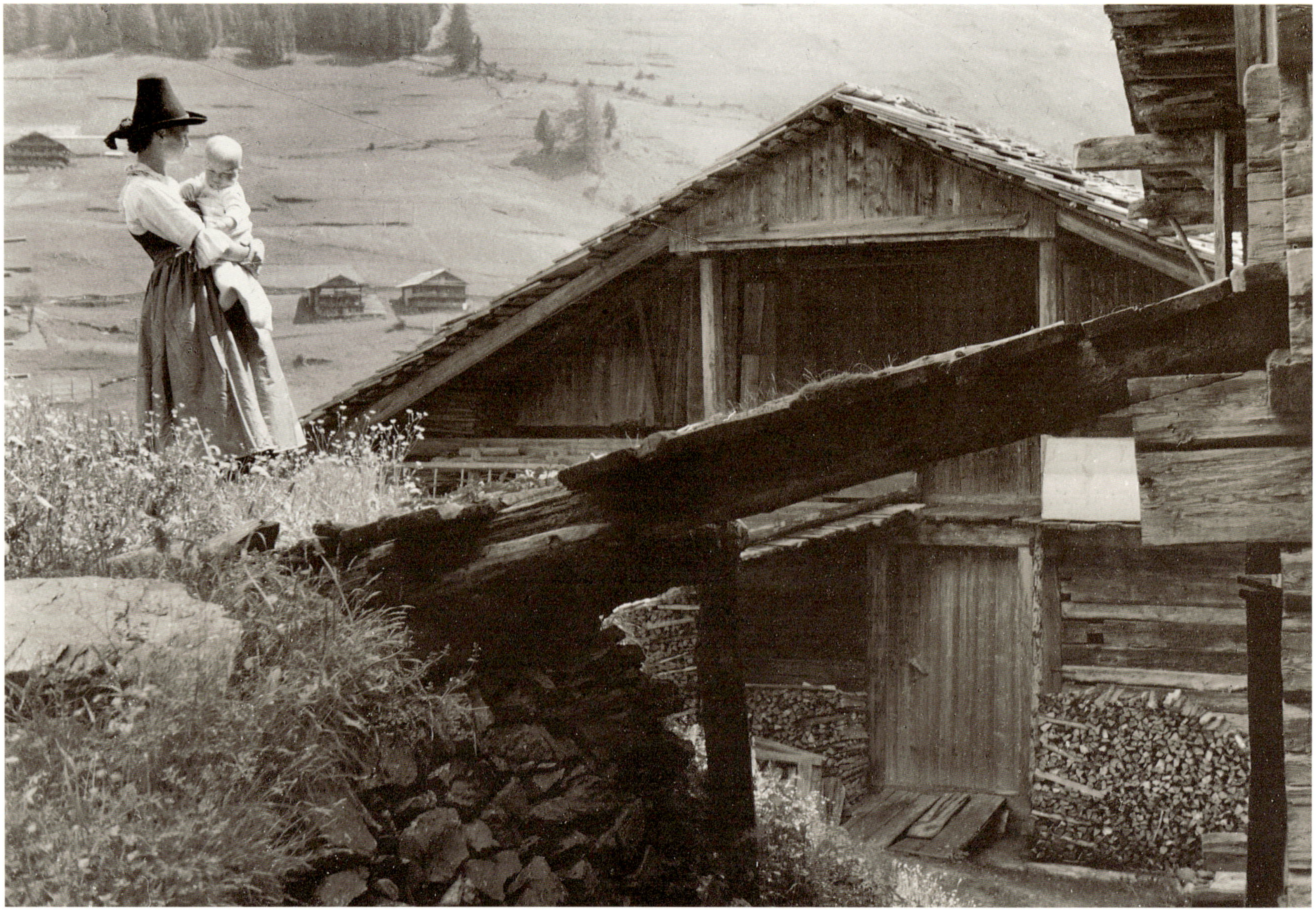

„Das ist meine Frau mit dem Sohn. In der – nicht mehr getragenen –
Innervillgratner Tracht. Da drin", zeigt Leischner, „ham wir gewohnt."

„Da macht er die Kumpf und die Tschockln. Eigene Zockelmacher wie in
anderen Gegenden hat's da keine gegeben. Das haben die Bauern im Winter
alles selber gemacht. Und wie schön! Schaun S' das nur an! Man muß sich
manchmal wundern, was die Leut für a Gschick ham!" Und von klein
auf schauen die Buben zu, helfen, lernen . . .

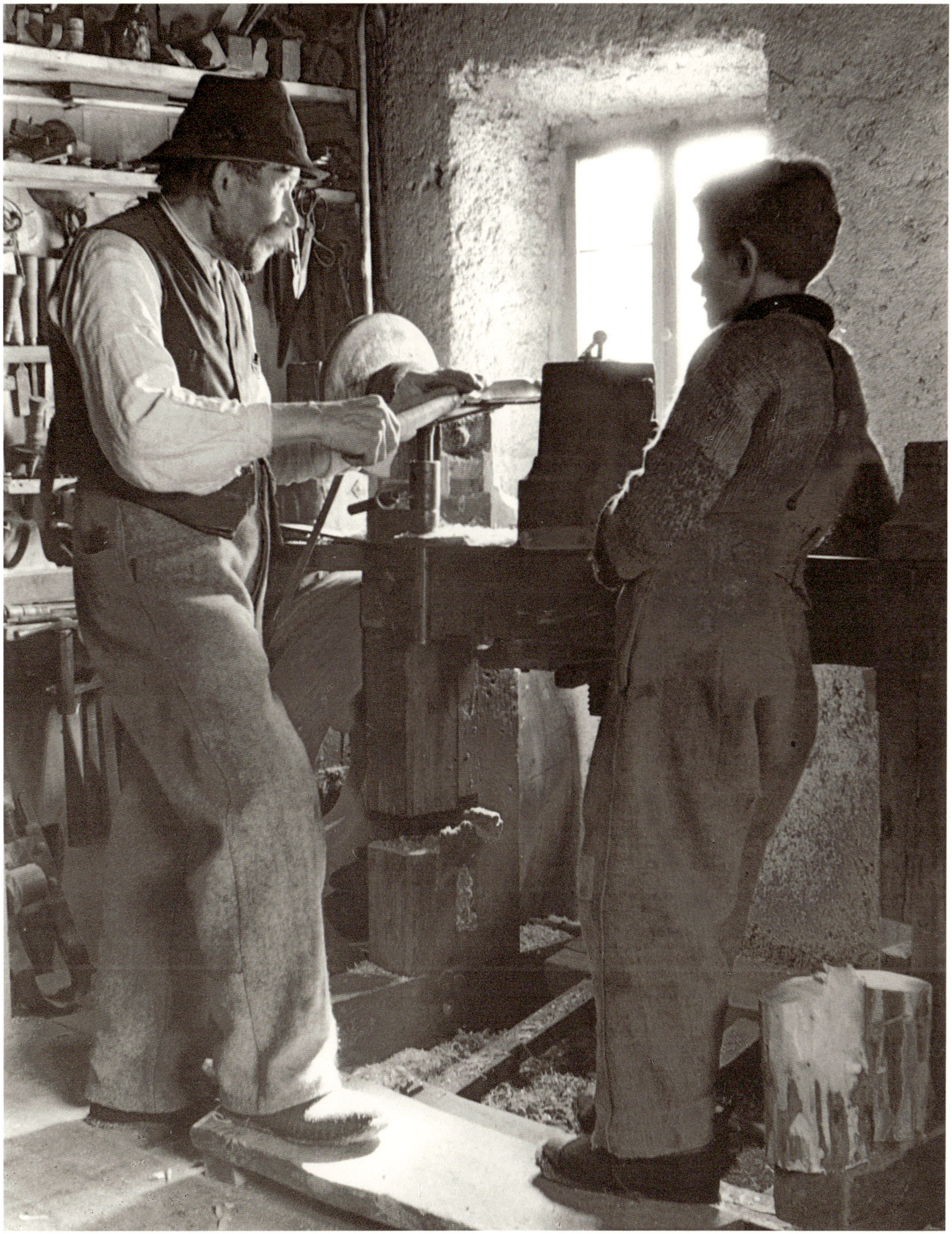

„Das Gespräch geht ums Tabakschmuggeln. Der Seppele hat in seiner Not sieben Tabakpflanzn gsetzt. Obwohl die Ernte – in 1600 Meter Höhe! – sehr mager ausgefallen ist, hatte er doch Schwierigkeiten mit der Zollfahndung", erzählt Leischner.

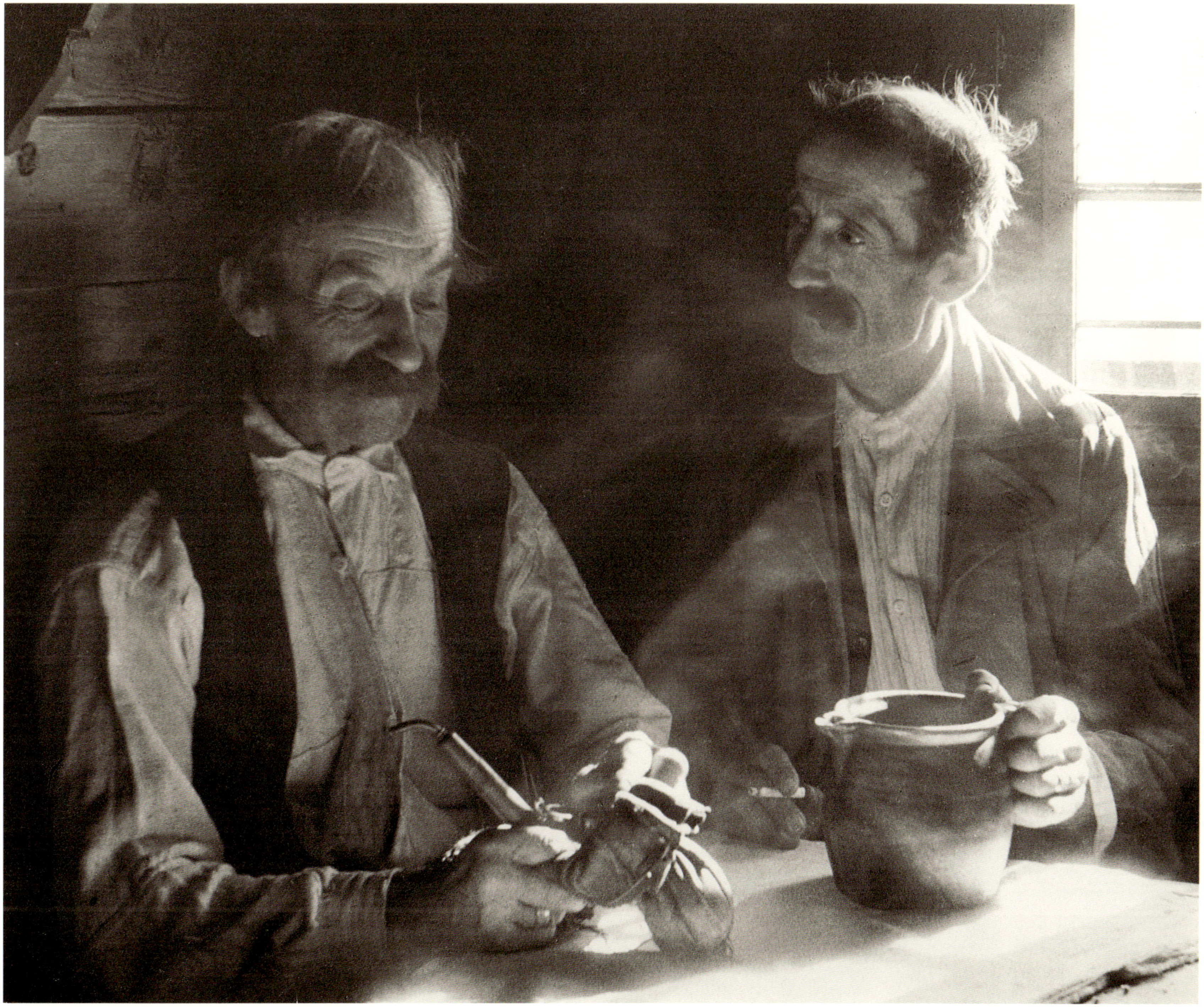

Der offene Herd der alten Burgi und die Pfeife des Sepp – auch sie
sind Symbole des Verschwindens einer bestimmten bäuerlichen Kultur und
Lebensart. Auf einem einzigen Leischner-Bild ist ein Zigarettenraucher zu
sehen; auch schon vor dem kriegsbedingten Mangel kannten die
Innervillgratner nur die Pfeife . . . Die beiden Gebärden, die beiden Gesichter:
Als sähen sie Entschwindendem nach in dem Wandel ihrer Welt, dem vielleicht
einschneidendsten seit der Jungsteinzeit, als der Mensch zu seßhafter
bäuerlicher Lebensweise und Bodennutzung überging. Heute ist die neuerliche
revolutionäre Veränderung längst vollzogen. Leischners Bilder sind
bewegende Dokumente einer Vergangenheit, die nur noch in unserer
Erinnerung lebendig ist – und in unseren Herzen.

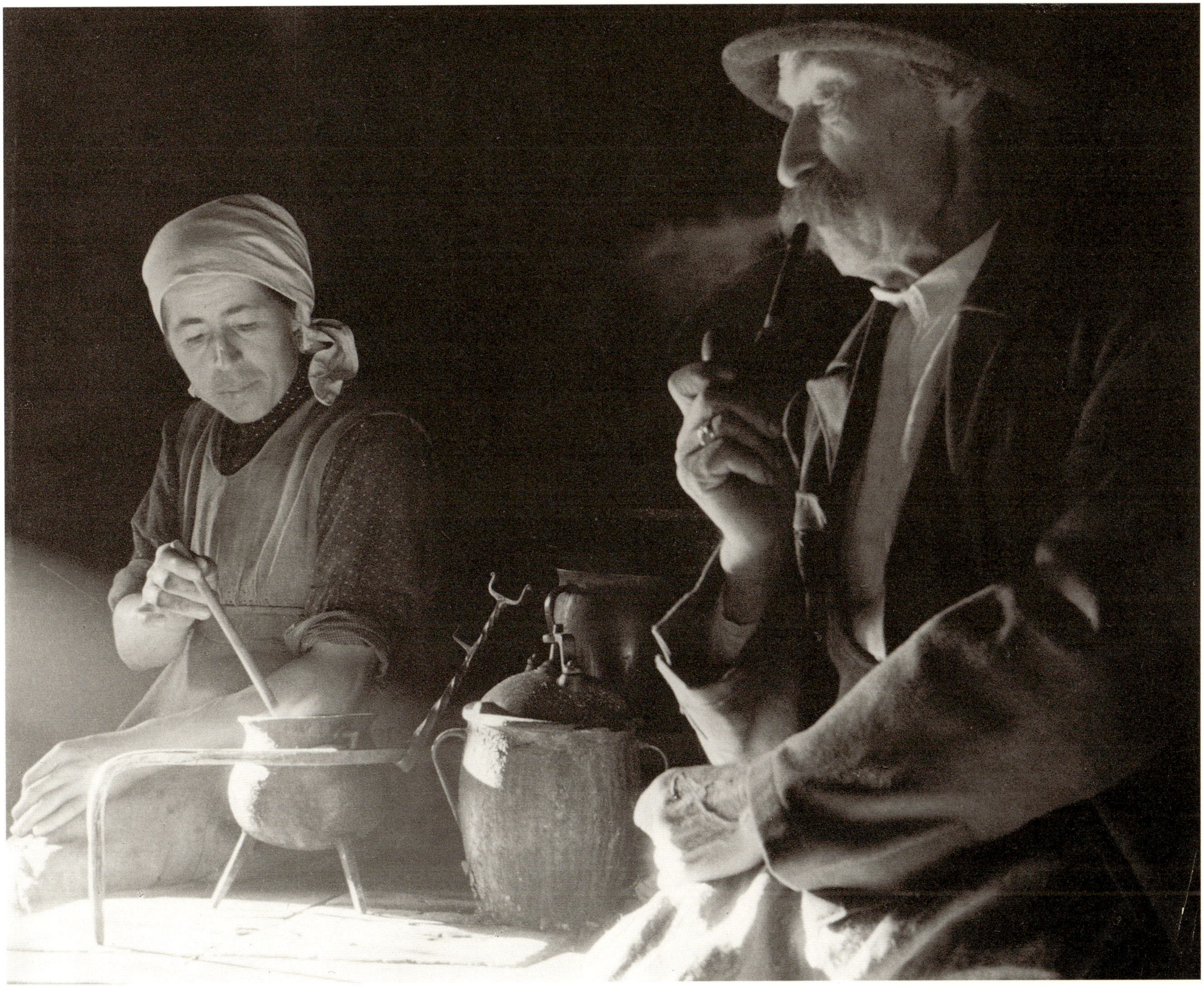

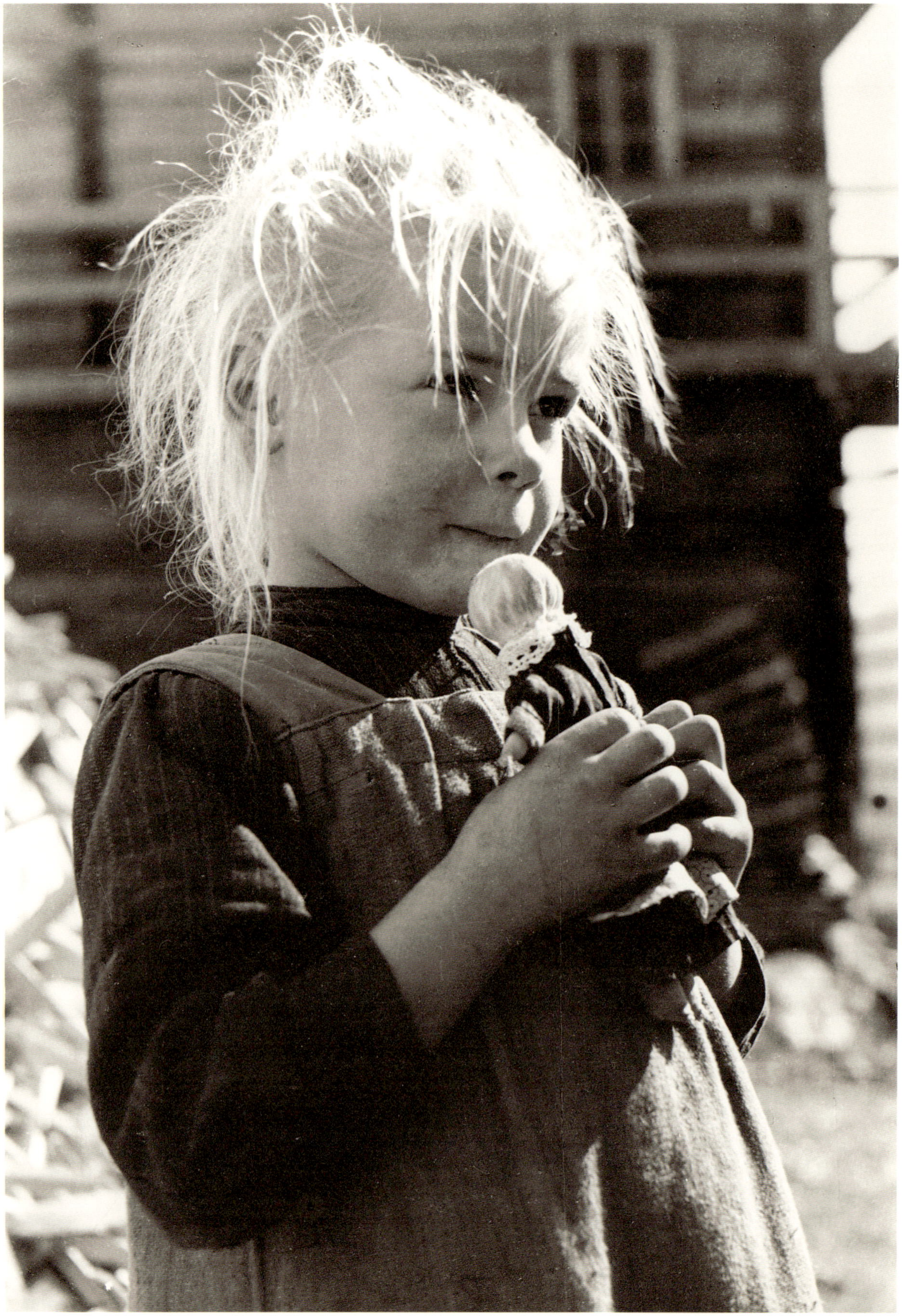

Ein Stück roh geformtes Holz, ein Fetzen Stoff. Aber die Liebe und das zärtliche Getue der kleinen Mädchen lassen die Puppen auch dem Beschauer förmlich lebendig erscheinen ...

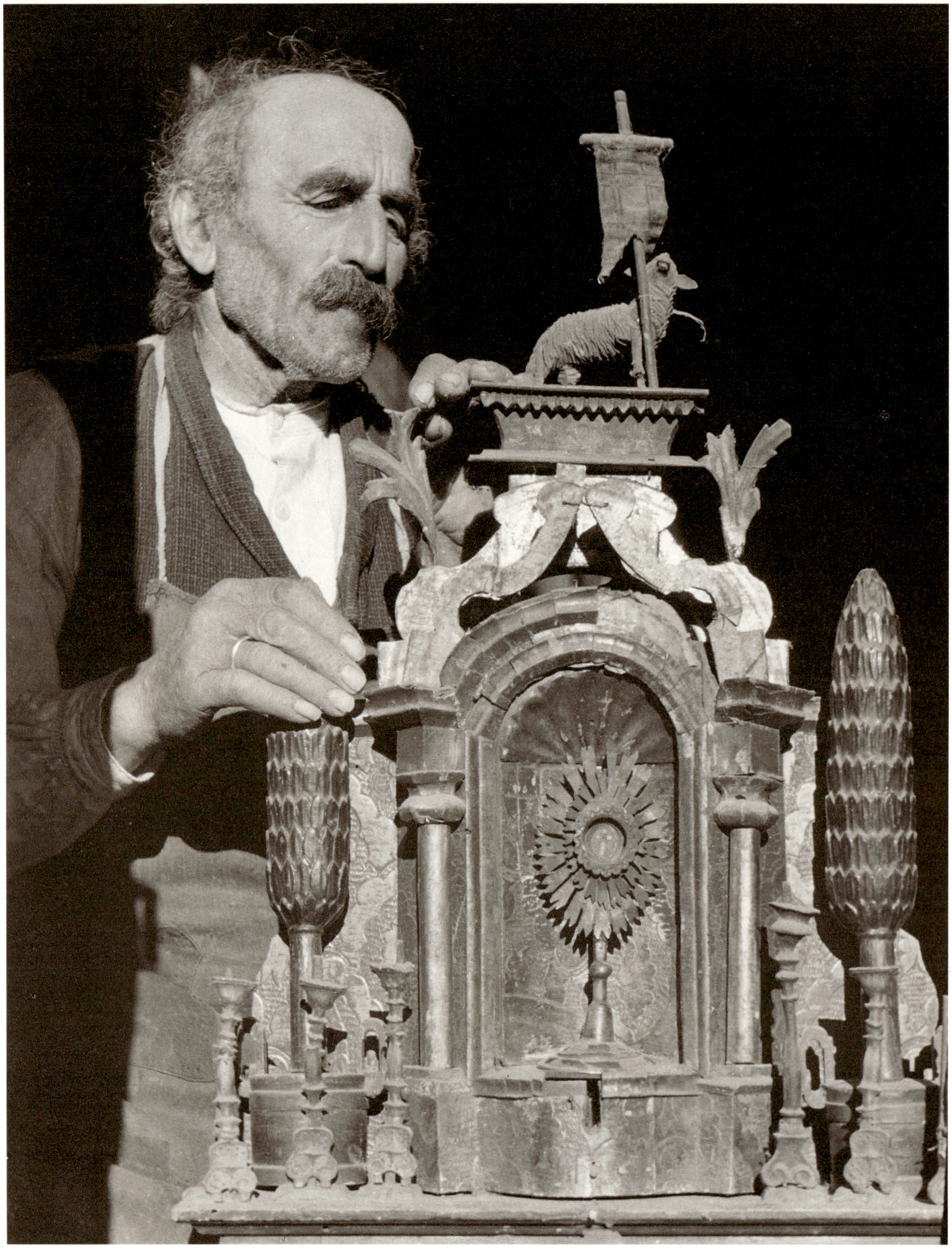

„Der is ah als ganzer selber gmacht", erklärt Hubert Leischner,
„selber gebastelt, gschnitzt, zsammgebaut, drapiert. Die tun was im Winter,
die gehn nicht ins Wirtshaus.
Die bleiben zu Hause – und es wird immer was gmacht. A Fensterstock vielleicht . . .
oder ein Körbl gflochtn . . ."

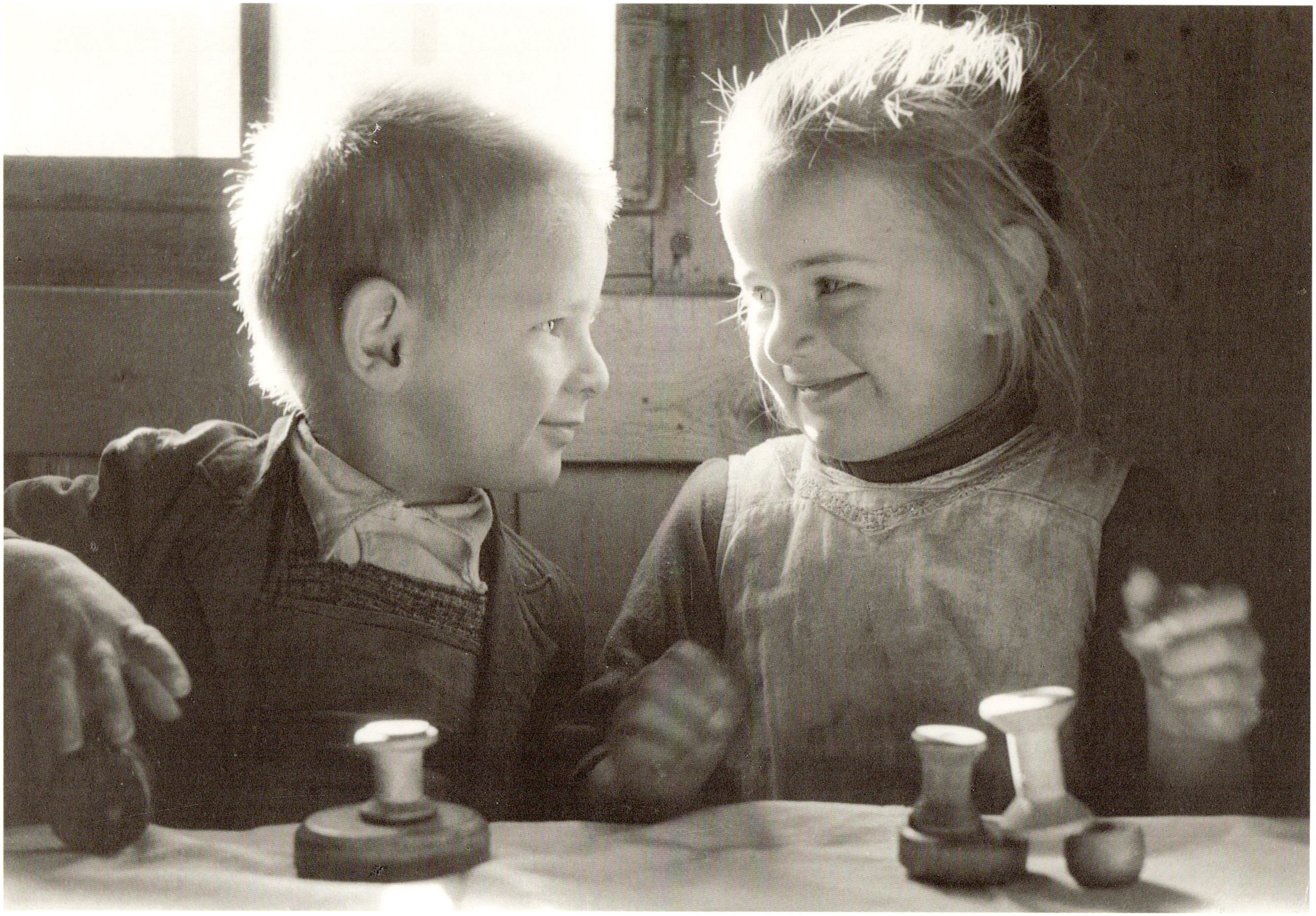

Leischner: „Das sin Geschwister. Wie sie, die Ältere, die Gscheitere, ihre Überlegenheit ausspielt! Wie er schaut: halb ehrfürchtig, halb verschmitzt aufsässig!"

Die Alm- und die Bergregion, sie sind entvölkert; die Bauern kommen höchstens
einmal in der Mitte des Almsommers hinauf, um sich zu vergewissern,
wie das Alpen ihrem Vieh anschlägt.

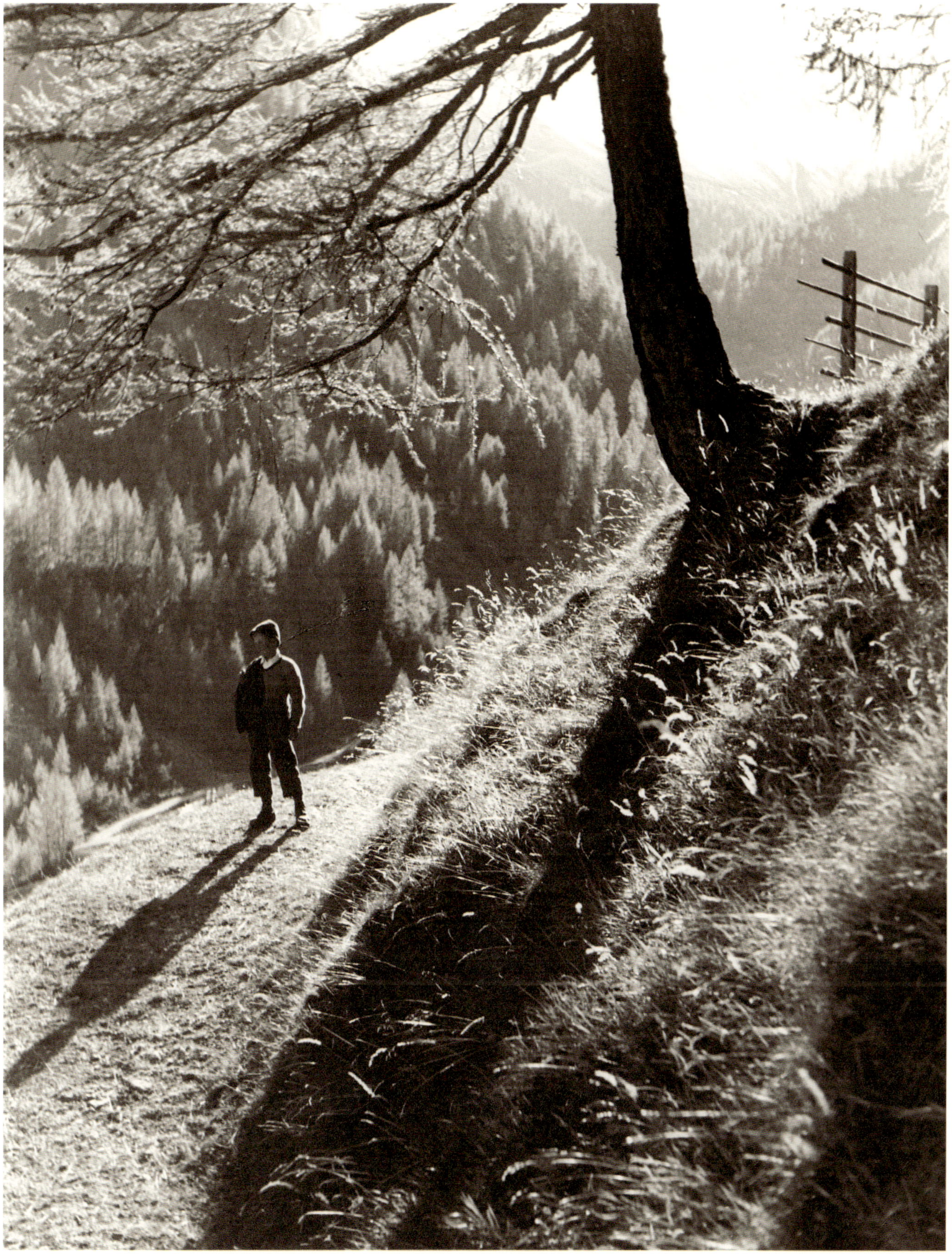

„Die hat sich nit stören lassen. ‚Hubert, wart a bißl!' hat sie gsagt, wie ich reingekommen bin. ‚Ih bin gleich fertig.' Mein Gott, das war schon ein Lebn, das die ghabt ham! Aber sie haben es besser gemeistert wie die jetzign Bauern. Die sin voller Sorgen, jeder hat ein schönes Haus, im altn Stil, aber mit Dusche. Ja, aber das muß bezahlt werdn! Da müssen die Söhne auswärts, gar ins Ausland arbeitn gehn. Das Haus is freilich schön und komfortabel – aber drobn is der Wald hin. Ih möcht nit wohnen dort", meint Leischner.

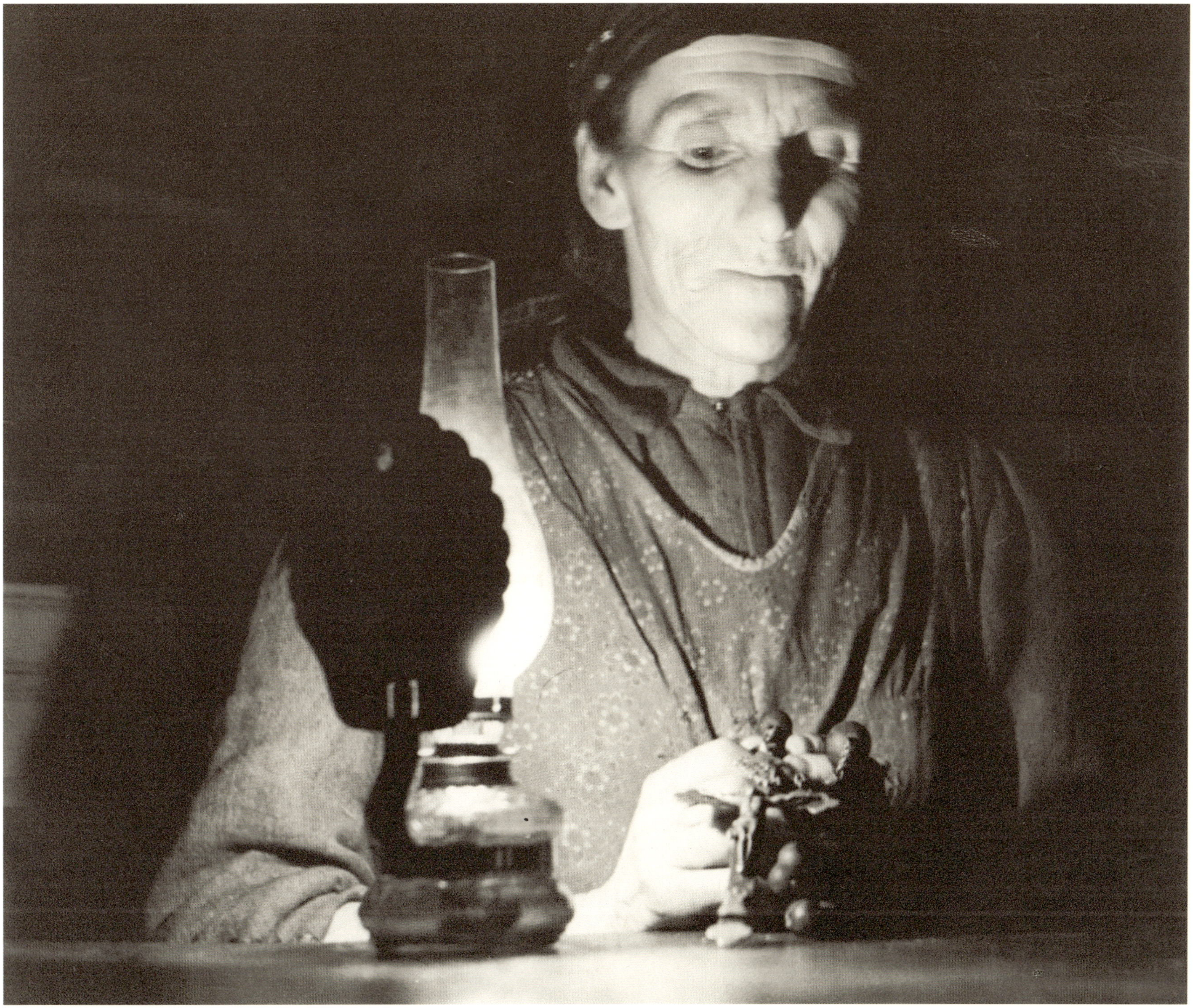

„Das sind Grenzgänger", erzählt der Fotograf, „ich bin natürlich auch mit
dabei gewesn. Das sind meine Wandschoner, die da über den Berg gehen.
Der Schmuggel hat eine große Rolle gespielt. Aber: Wandschoner! Wer würde
heut noch Wandschoner schmuggeln! Der Canaval, der Maler, der hat mir,
das heißt meiner Frau hat er Farben und Pinsel für mich mitgegeben.
Da hab ich zuerst probeweis die Wandschoner gemacht – die sin weggegangen
wie die warmen Semmeln. Bis nach Bozen sin sie hinuntergekommen;
ich hab vor einiger Zeit noch einen gefunden, in einem Bauernhof drunten.
Mit irgendwas muß man sich ja fortbringen. Fotografiert hab ich,
Wandschoner fabriziert, und bei der Bauernarbeit haben wir mitgeholfen.
Der Alte da, der wollt mich adoptieren . . ."

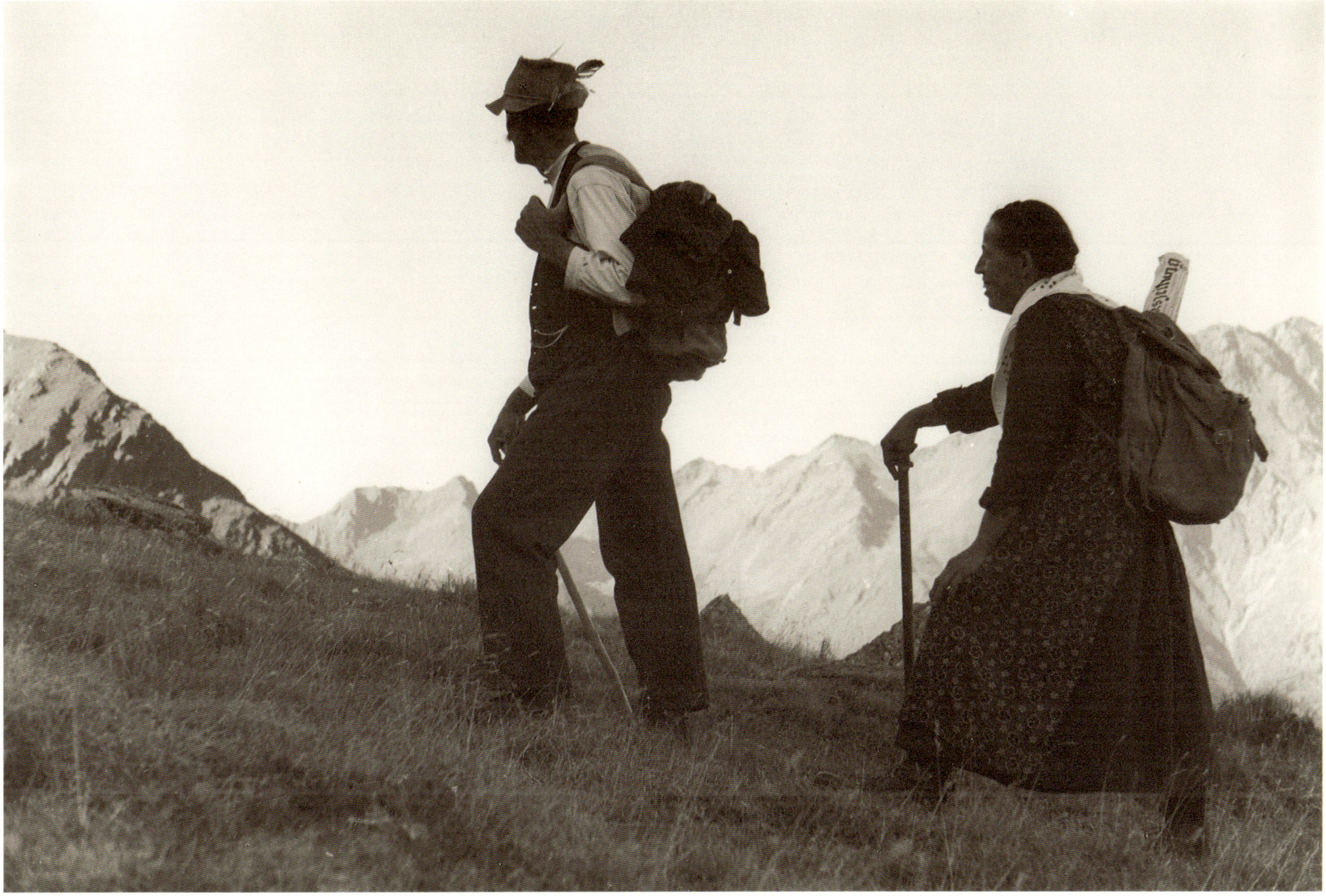

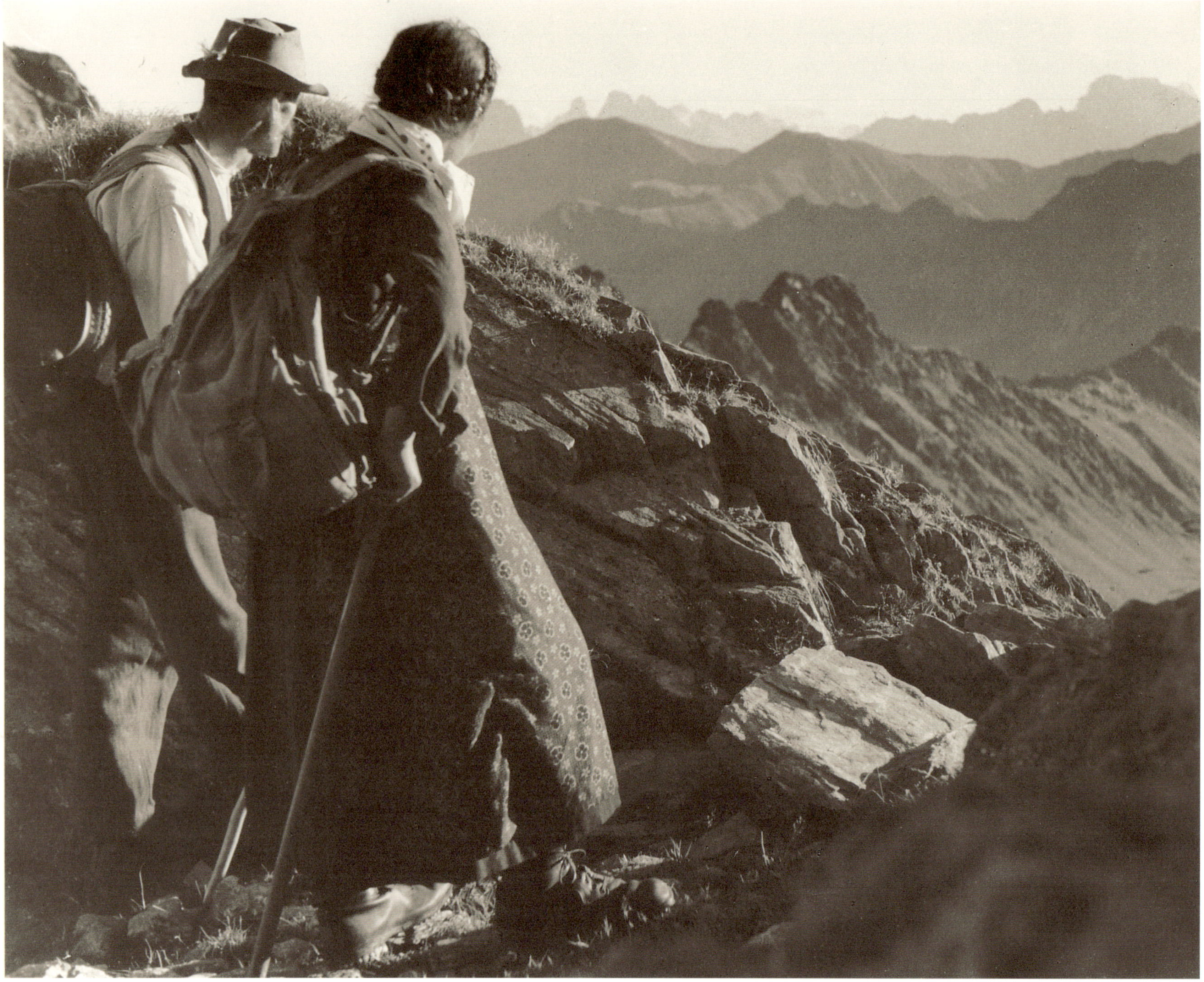

„Da hat der Peter ein Vaterunser gebetet", erinnert sich Leischner.
Warum er gebetet hat, frag ich ihn. Drauf er: „Wasche, Hubert, da hab ich
Rueh und kann spekuliern, wo drübn die Finanzer stehn."

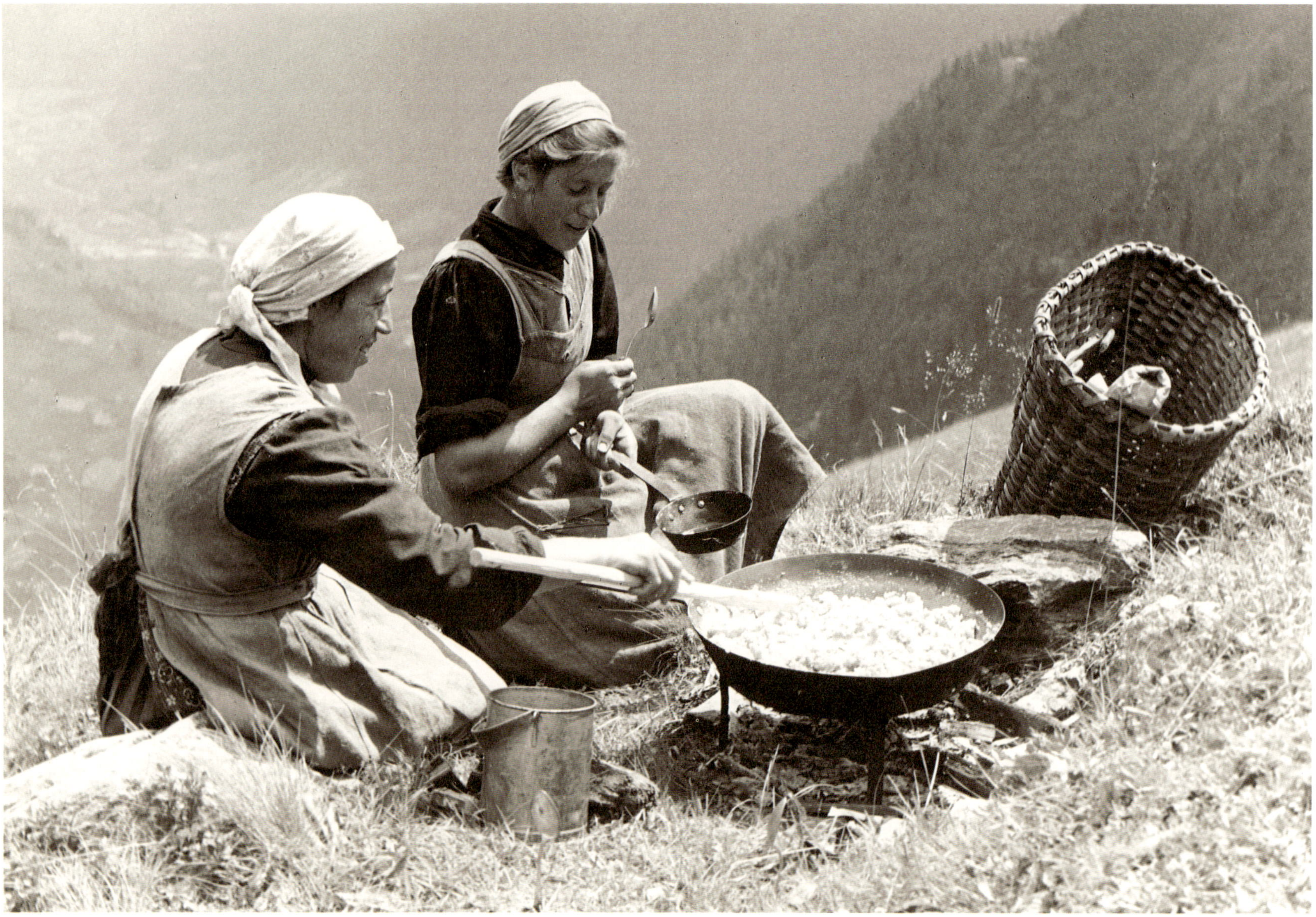

„Das sind kleine Nockerln – nur Wasser und Mehl", erklärte Hubert Leischner
auf meine Frage. – Aha, „Wasserspatzen"! Erstaunlich, welche Kraft sie
trotzdem gaben bei harter Arbeit. Und wie köstlich sie schmecken,
lieber Leser, probier sie (wieder) einmal!

„Die alte und die junge Burgi bei der zweiten Almmahd", erläutert Leischner.
Welche Plage der Aufstieg und das Mähen auf den oft steilen Hängen,
das Einbringen des Heues unter Dach! Der schwierigste – und gefährliche –
Teil aber steht noch bevor: die Bringung mit Schlitten oder Schlepper
im Winter in das Tal. Mühe und Gefahr machen das kostbare Futter
noch kostbarer . . .

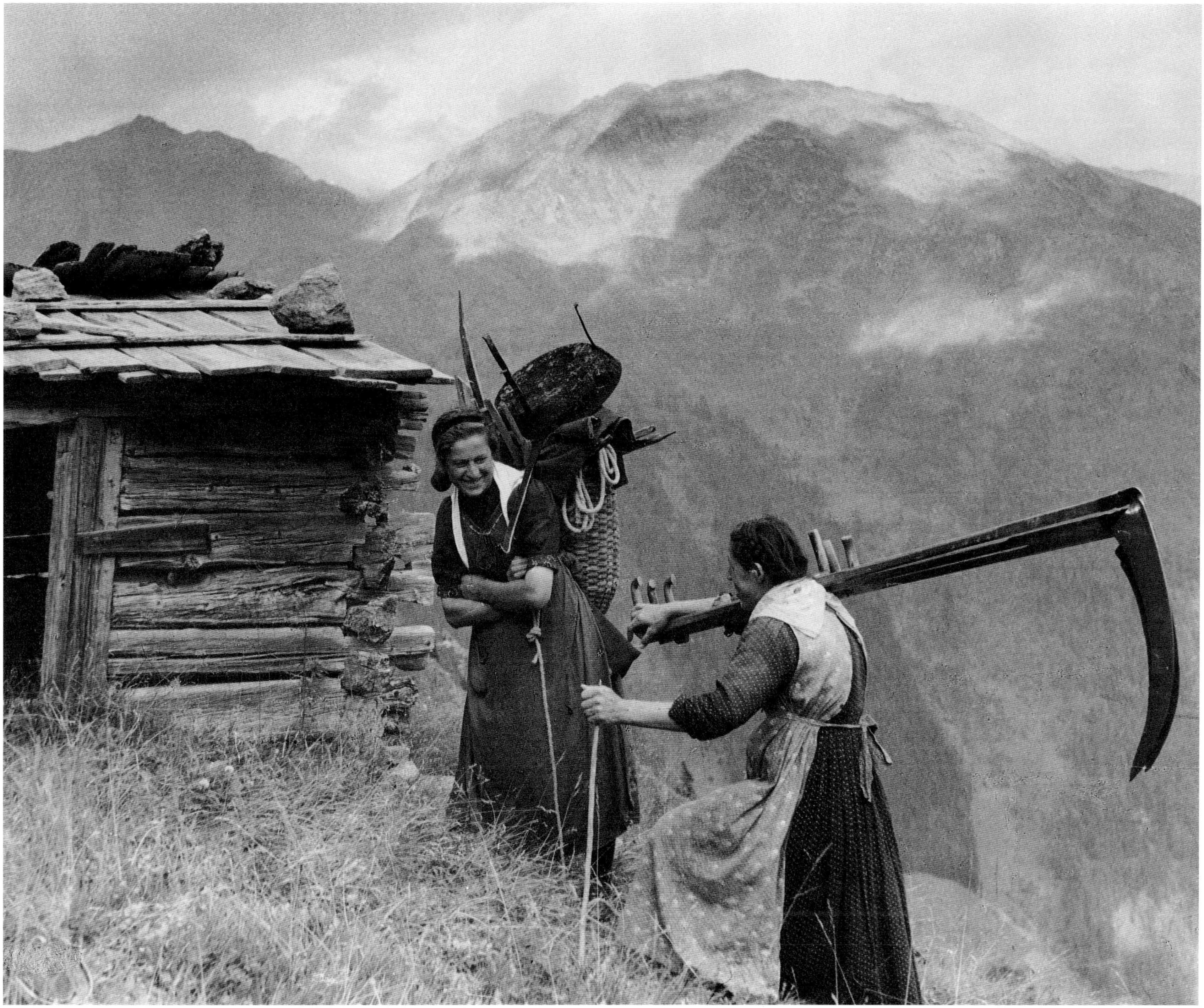

Eine bäuerliche werdende Mutter kann wenig Rücksicht auf ihren „Zustand"
nehmen. Aber dafür ist das Werden und Wachsen in ihr eingebettet in das
stete Wachsen und Werden ringsum. So ist das Geheimnis des kommenden
neuen menschlichen Lebens von schöner Selbstverständlichkeit – auch für die
Kinder. Und die künftige „große Schwester" freut sich schon auf die
Betätigung ihrer kleinen Mütterlichkeit.

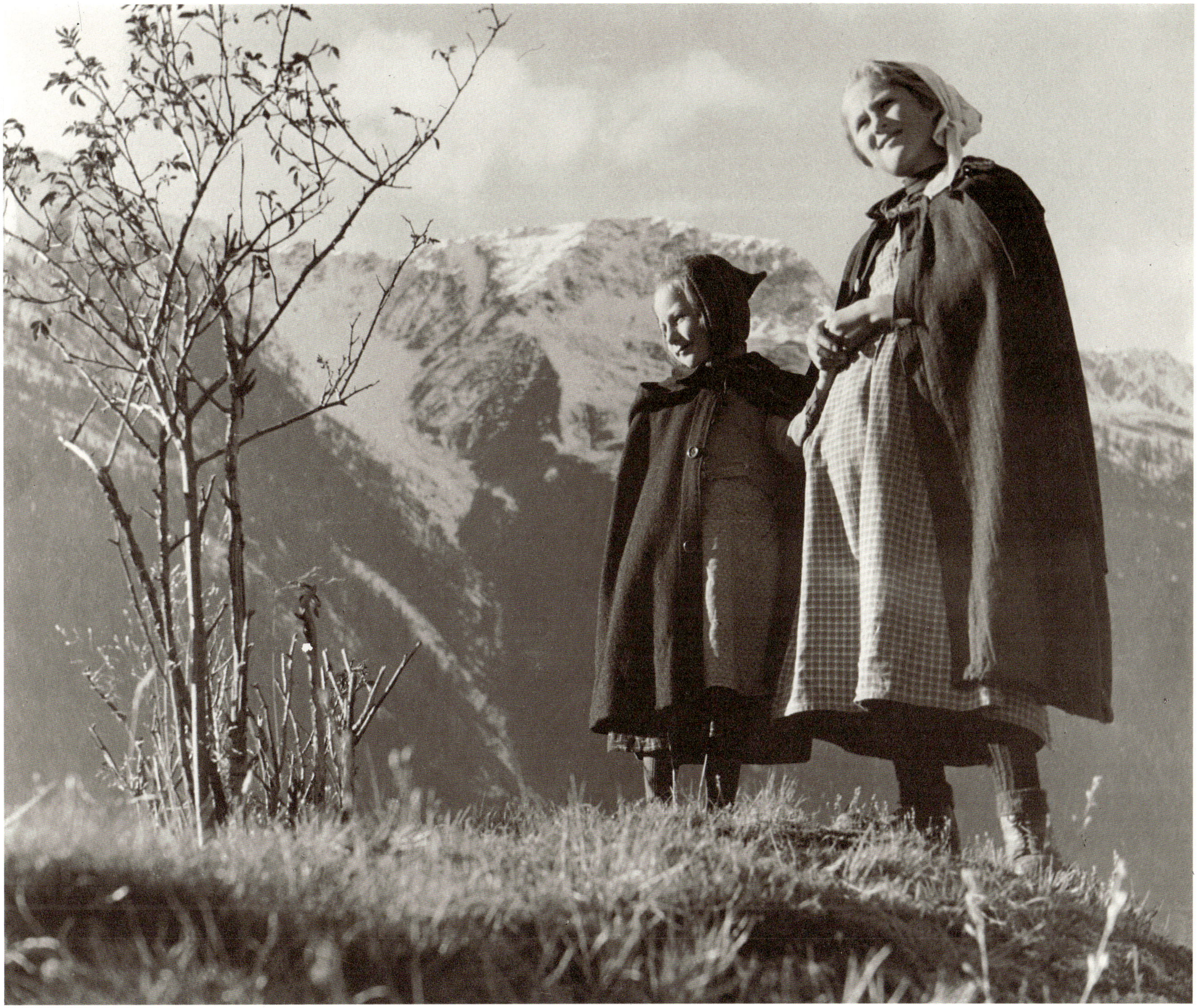

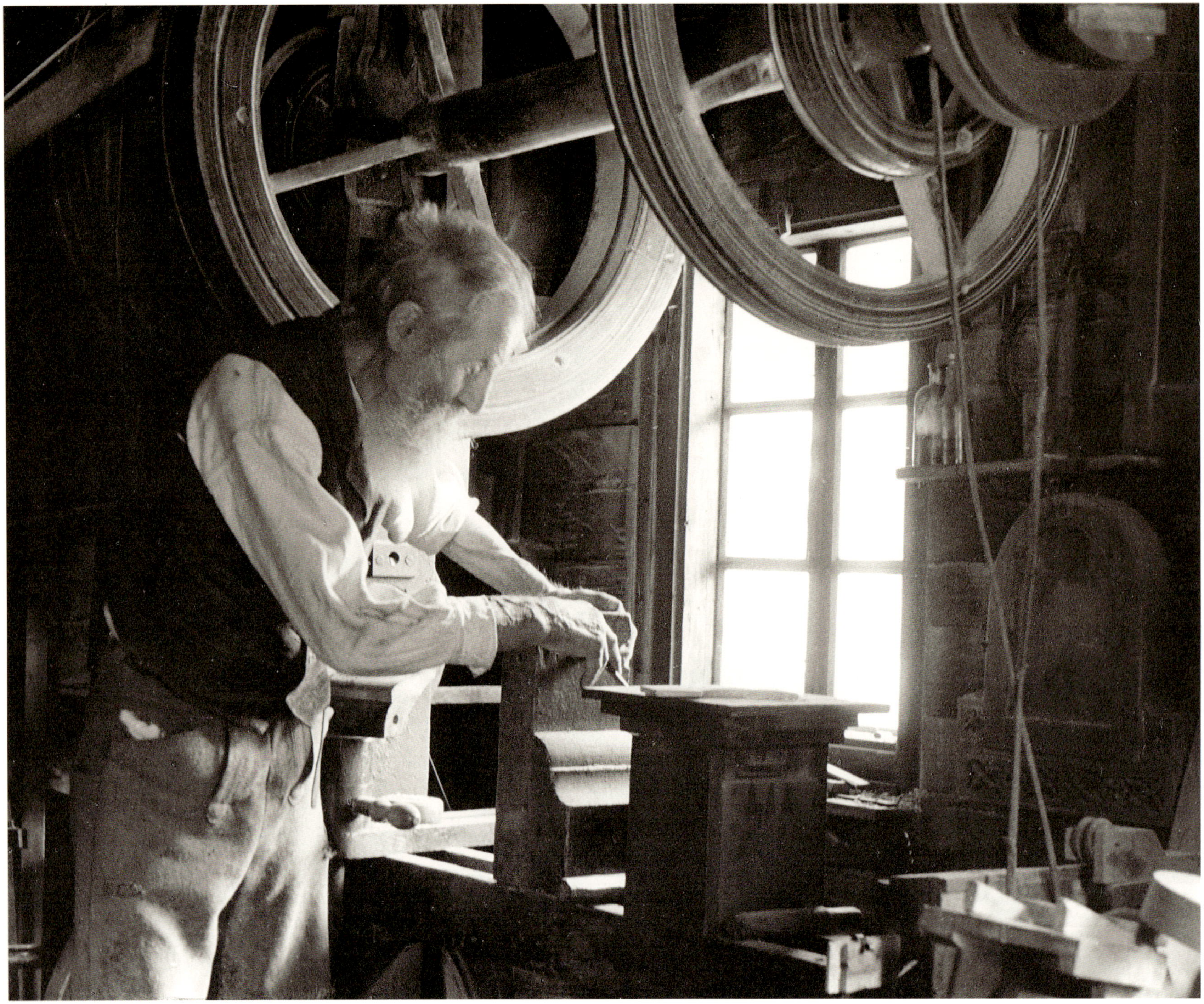

Wie schön Technik ist, die den Menschen noch nicht versklavt, nicht „ersetzt"
hat – die seinem schöpferischen Geiste untertan, seiner bis ins hohe Alter
meisterlichen Hand dienstbar ist!

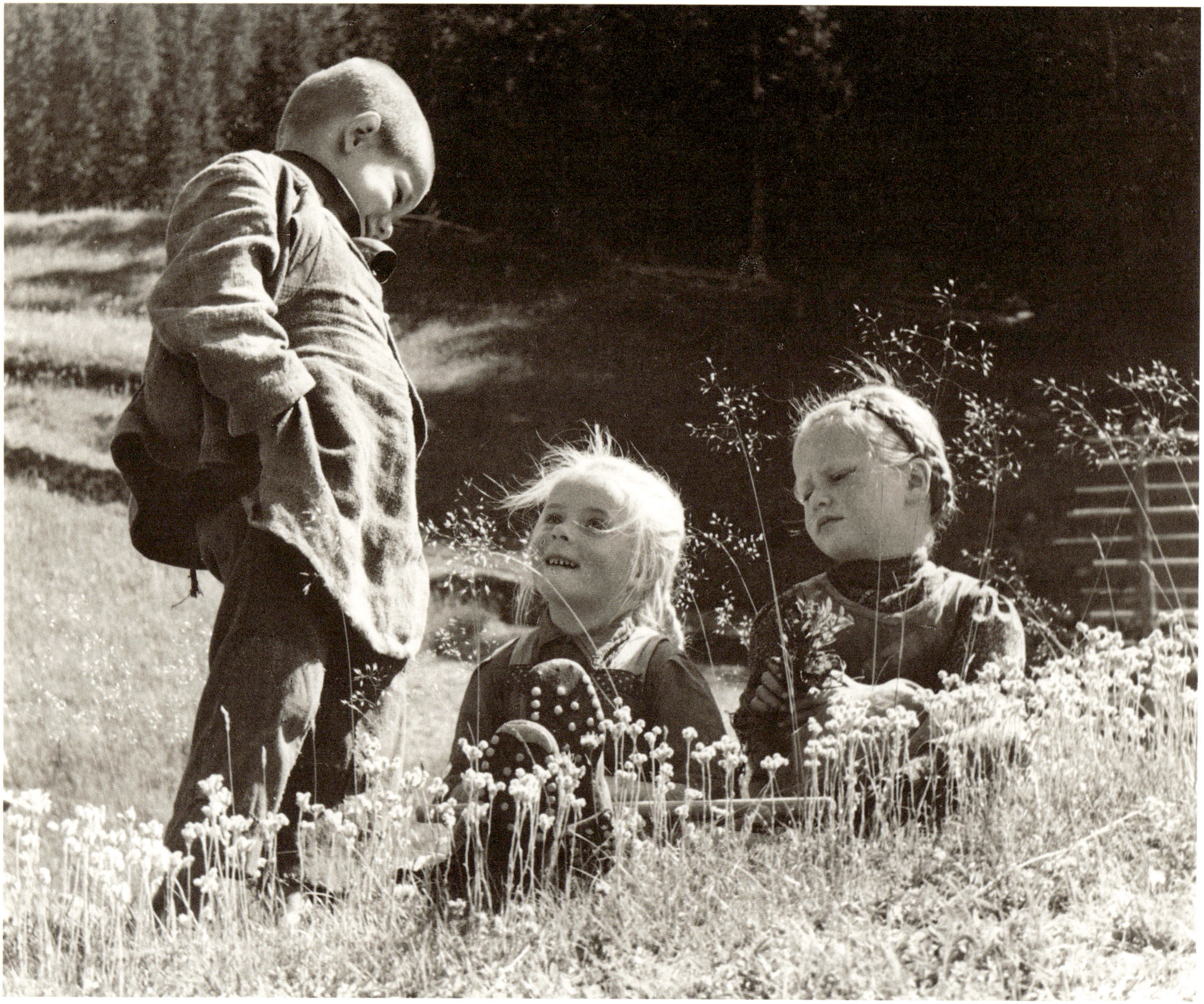

Eine vollständige, eine eindrucksvolle Eifersuchtsszene: Die „Eine" ist
hingerissen von „Ihm" und selig über seine Beachtung, die „Andere"
eifersüchtig unglücklich. Na und „Er"! Genießt er nicht Bewunderung und
Eifersucht?! „Der is vielleicht selbstbewußt", lacht Leischner. „Dem haben sie
ein Glöckl umgehängt, seine Leut, damit sie wissen, wo er is."

Wieder fasziniert die Ausdrucksstärke der Haltung und Gebärde.
Die zwei sind ganz in ein Problem vertieft. Wobei der Große eher angestrengter
und kompetenter wirkt, der Kleine eher auf die größere Erfahrung des anderen
vertrauend. Der Große ist ja auch schon „erwachsener" gekleidet, und der
Korb weist ihn als „arbeitenden Menschen" aus.

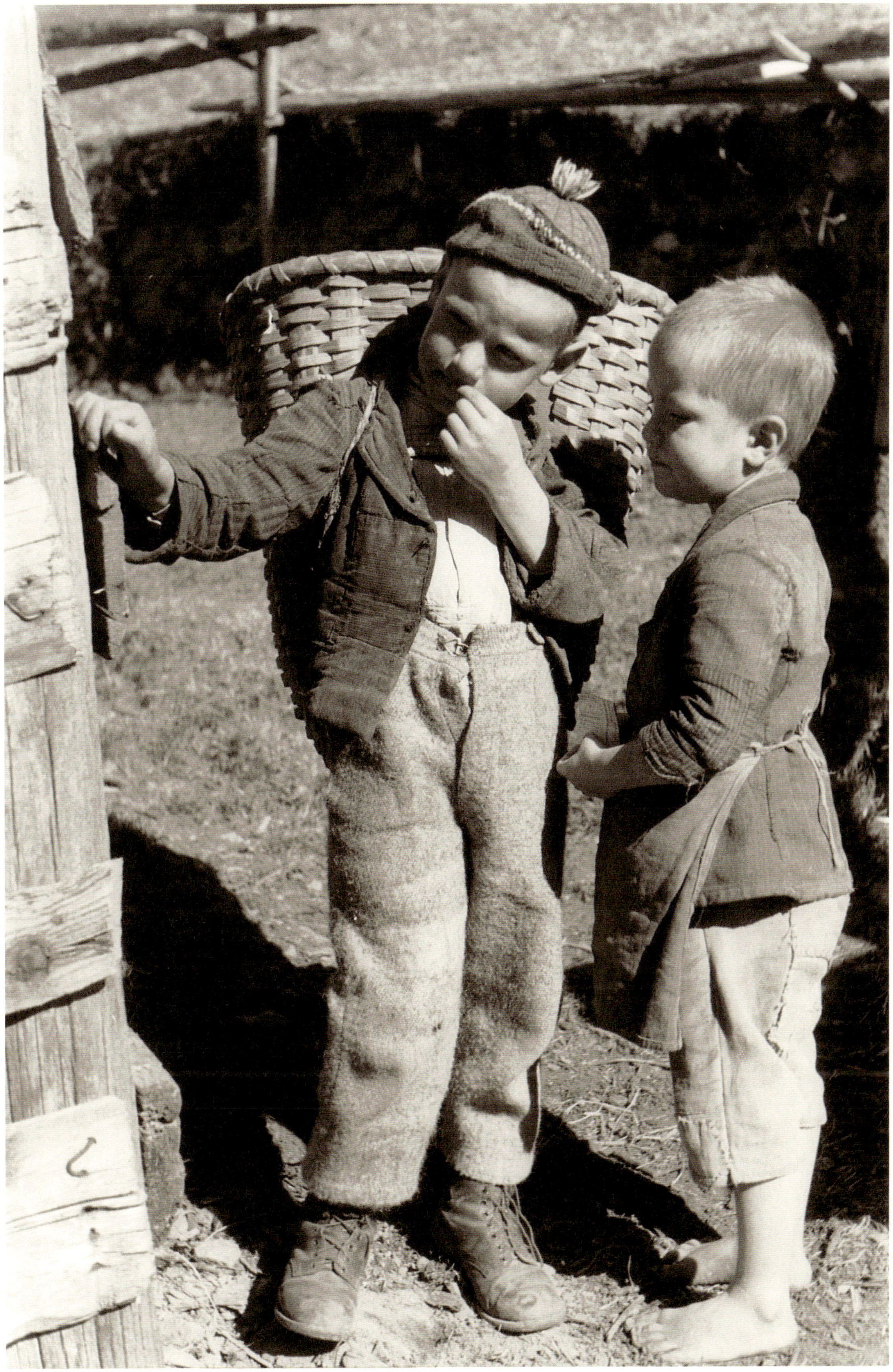

„Das Gedele – die Ziege – ist verletzt. Sie streichelt's und redet ihm zu:
‚Wird schon wieder guet werdn!' Die Ziege is nicht mehr von ihr weggegangen.
Sie haben eine ganz natürliche Art von Tierliebe. Ich hab nie gesehn,
daß ein Vieh geprügelt worden wäre."

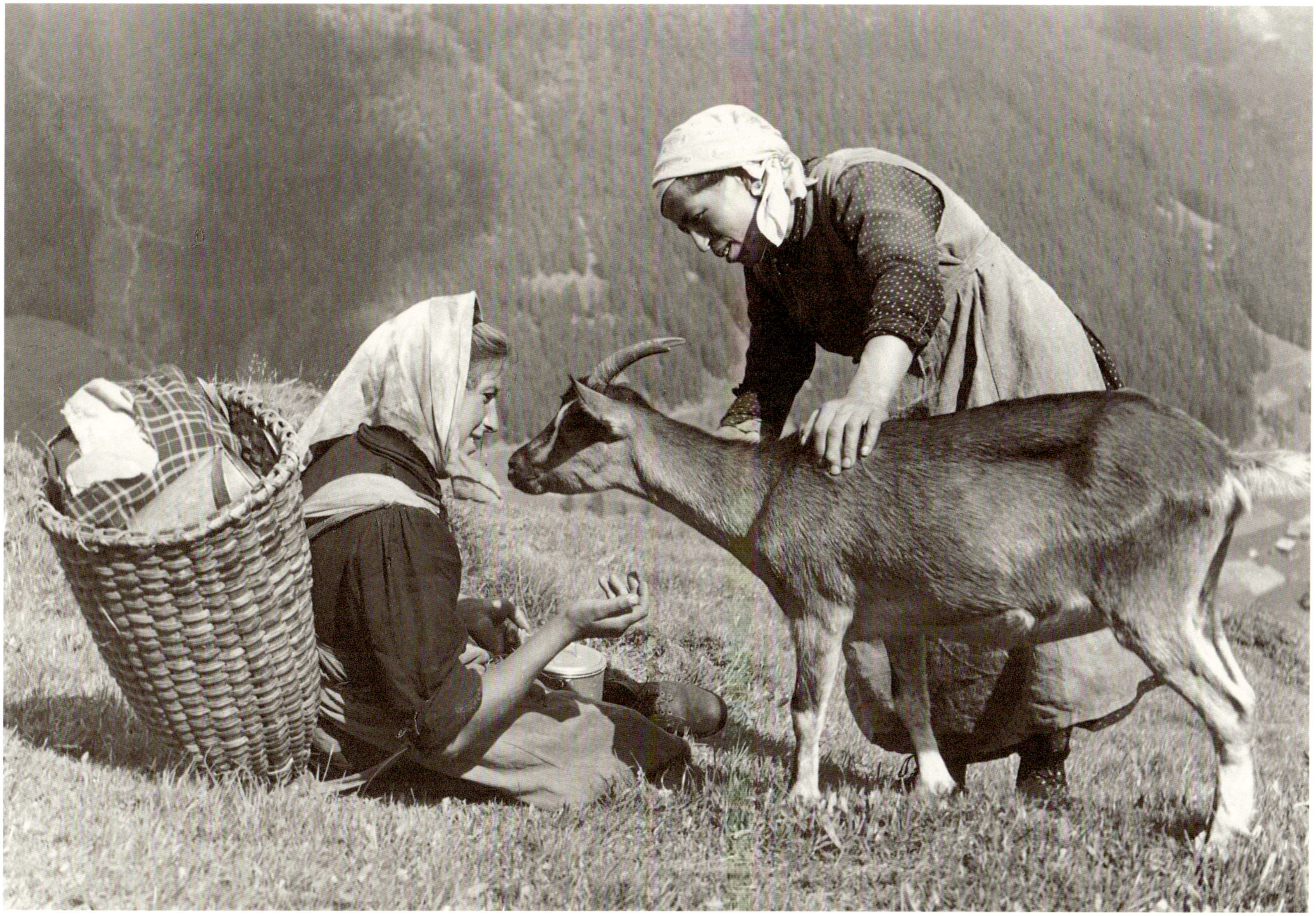

Ja, Kinder, Bauernkinder zumal, können einem „bis in die Seele schauen"!

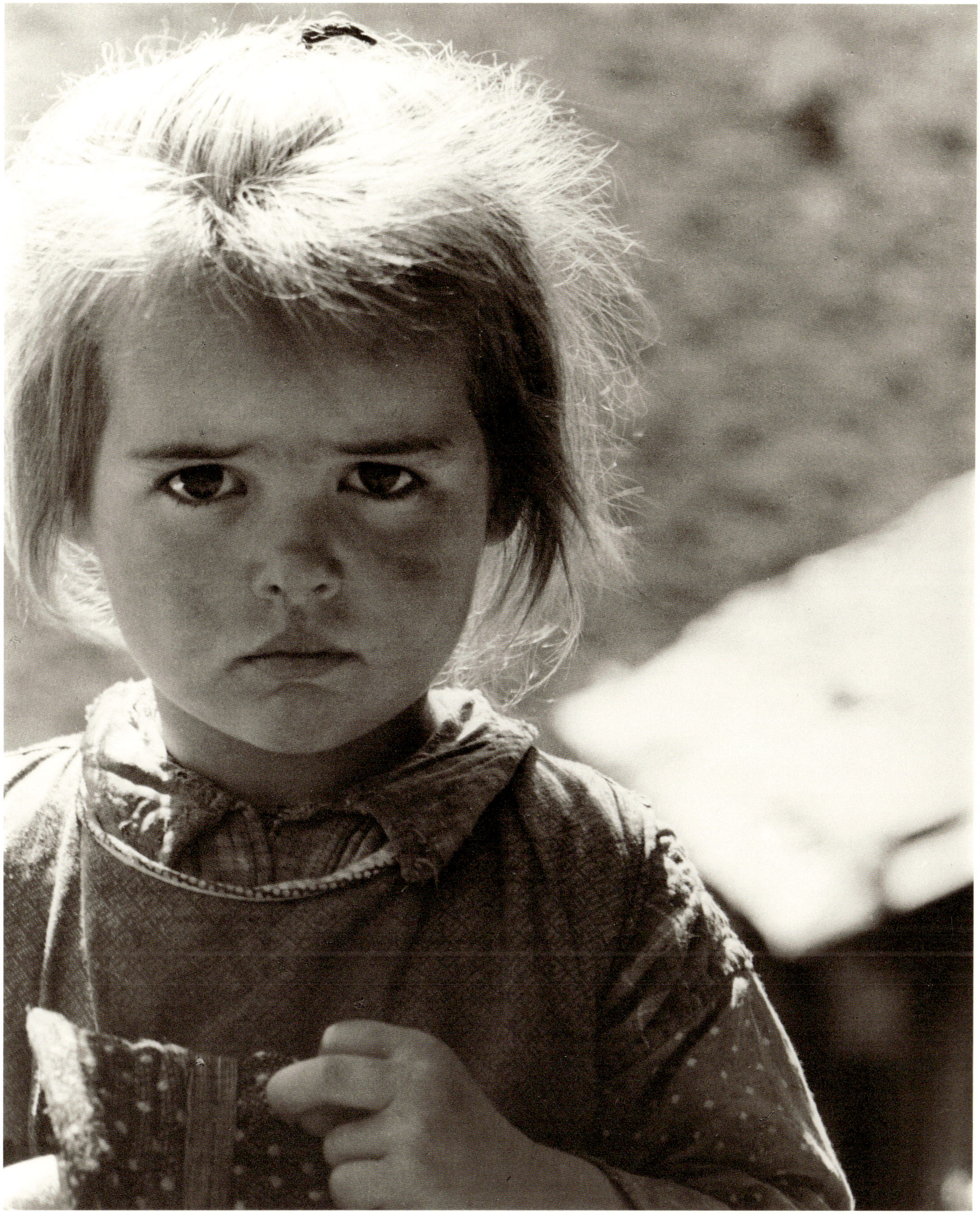

„Da könnt man auch schreibn", meint Leischner: „'s Binder Moidele im Gespräch.' Ich weiß gar net, wie sie richtig heißt. 's Binder Moidele halt. Ih hab nie die richtign Schreibnamen gekannt. Die is amol zu mir kumman und hat gsagt: ‚Du, ih brauch zehn Wandschoner.' Da bin ih erst draufgekommen, daß sie die Wandschoner, die wir gemacht haben, weiterverscherbelt, für a klane Preissteigerung. Die hat jetzt a Kaffeehaus in Innervillgraten. So was!"

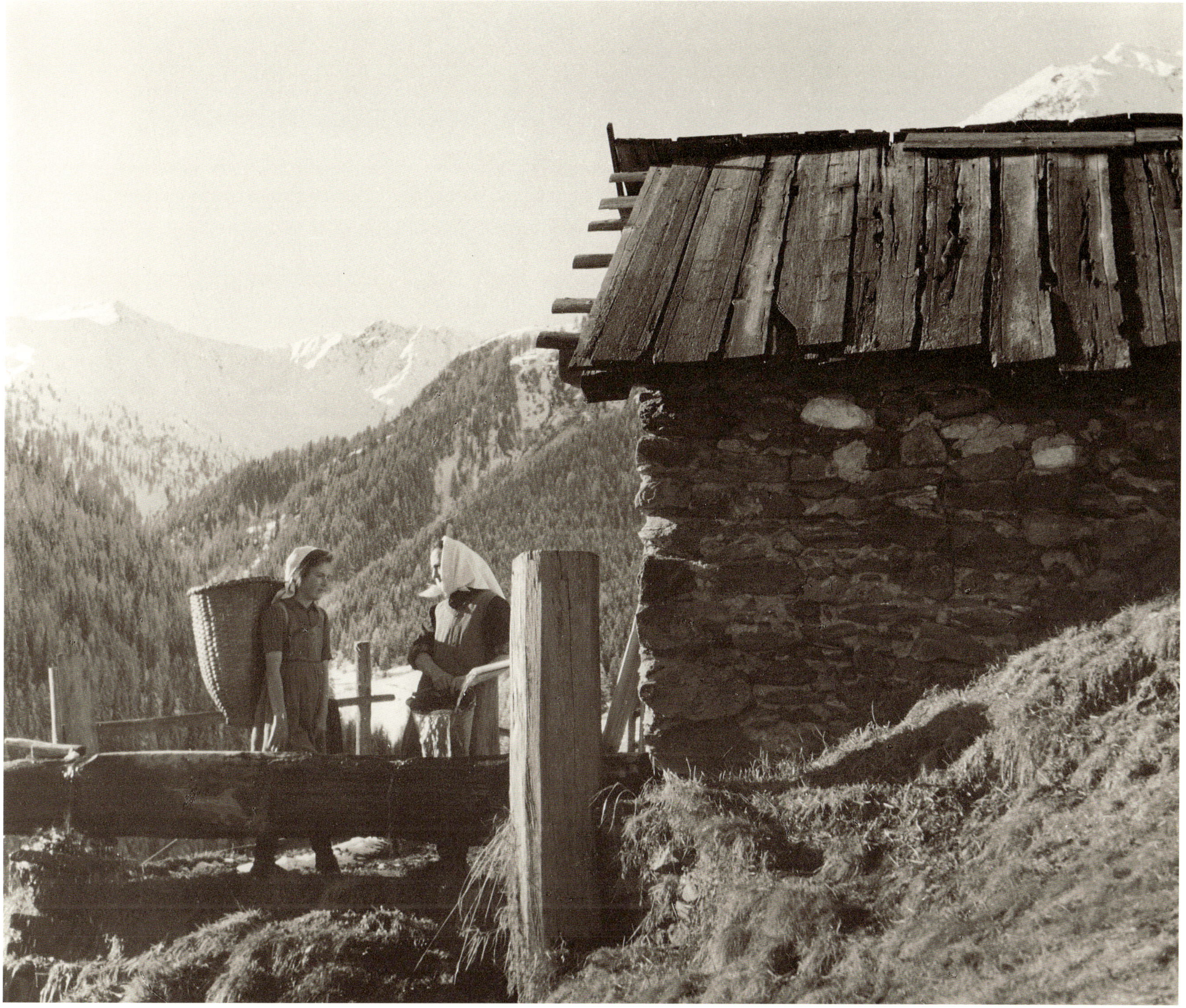

In diesem Bild ist gültig die Weitergabe von Tradition eingefangen:
Wie sich die über Generationen überlieferte Kunst des Brotbackens in den
Händen der Bäurin versammelt! Wie sie die Kinder aufsaugen mit ihren auf
diesen Händen versammelten Blicken! – „Steinhart lassen sie das Brot werden,
so hart, daß es zum Gebrauch zerhackt werden muß. Ein eigenes Gerät
ham sie dafür."

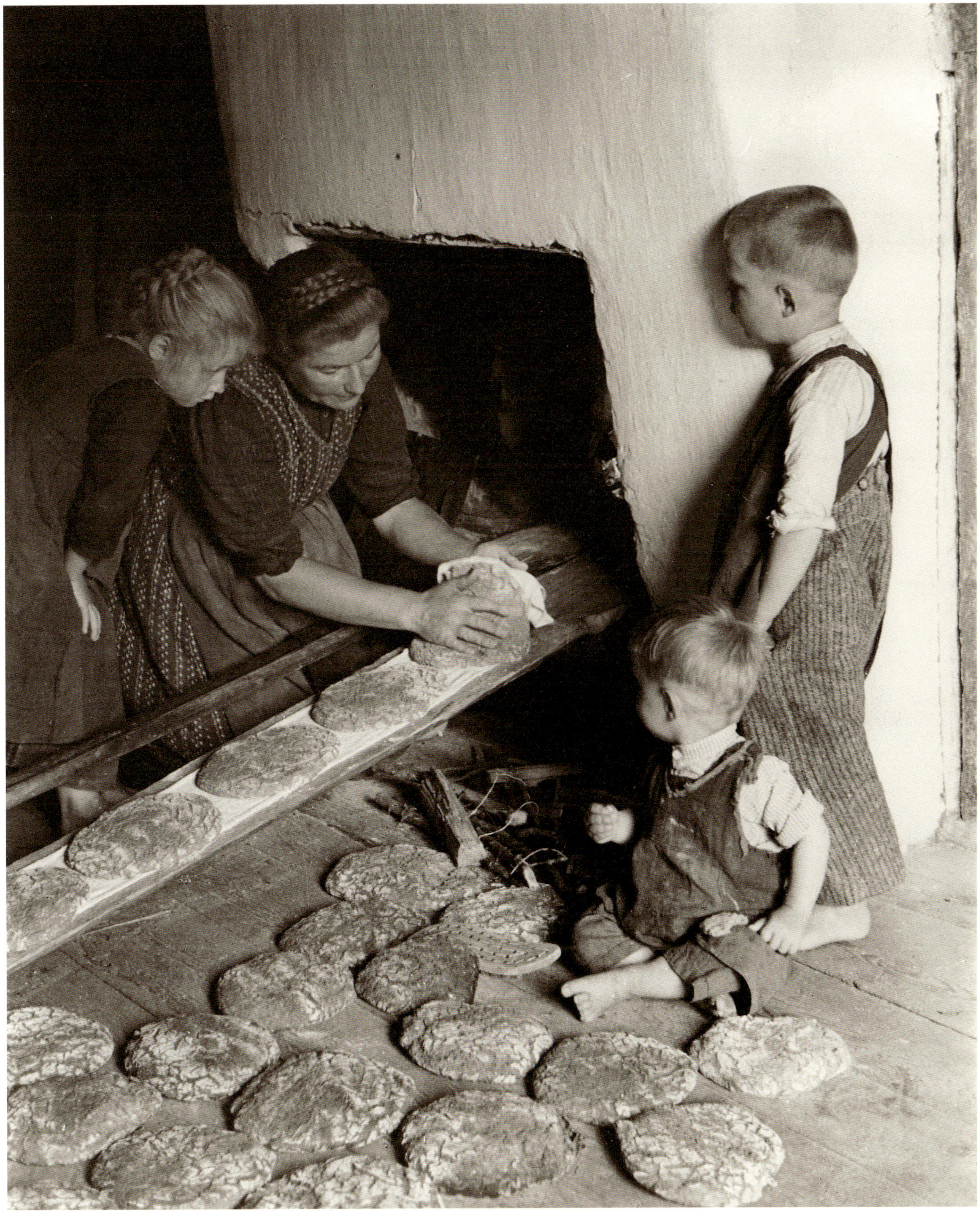

Auf dem Bauernhof ist auch die Katze kein „lebendiges Spielzeug";
sie muß sich wie der Mensch mit ihrer „Arbeit", dem Mausen, fortbringen.
Und so hat sie das Nickerchen auf der Ofenbank genau so verdient
wie die Bäurin.

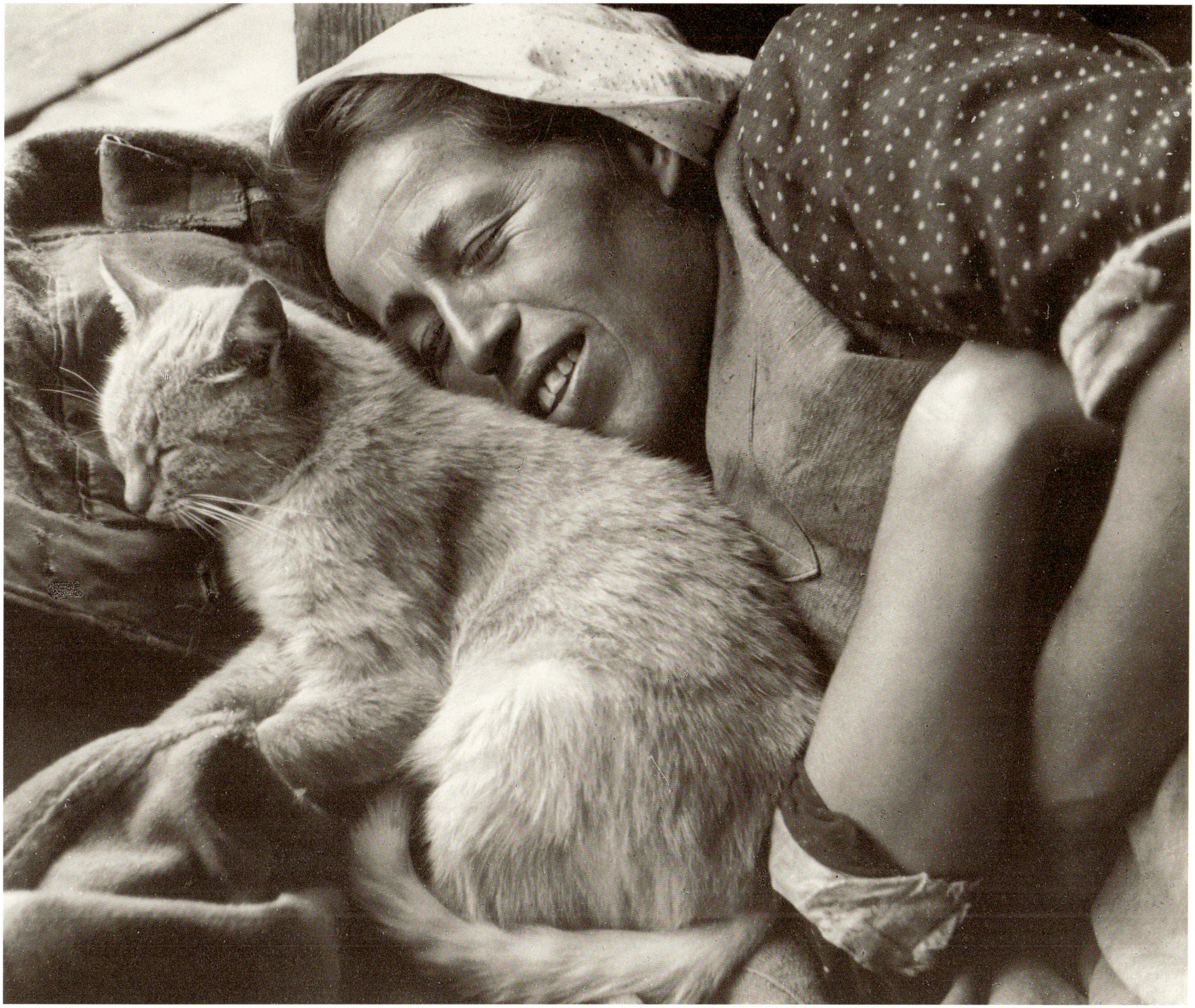

„Die Burgi, die hat arbeiten können!" erinnert sich Hubert Leischner. „Und eine Schar Kinder hat sie gehabt und aufgezogen. Und alle sind rechtschaffene Leut g'worden."

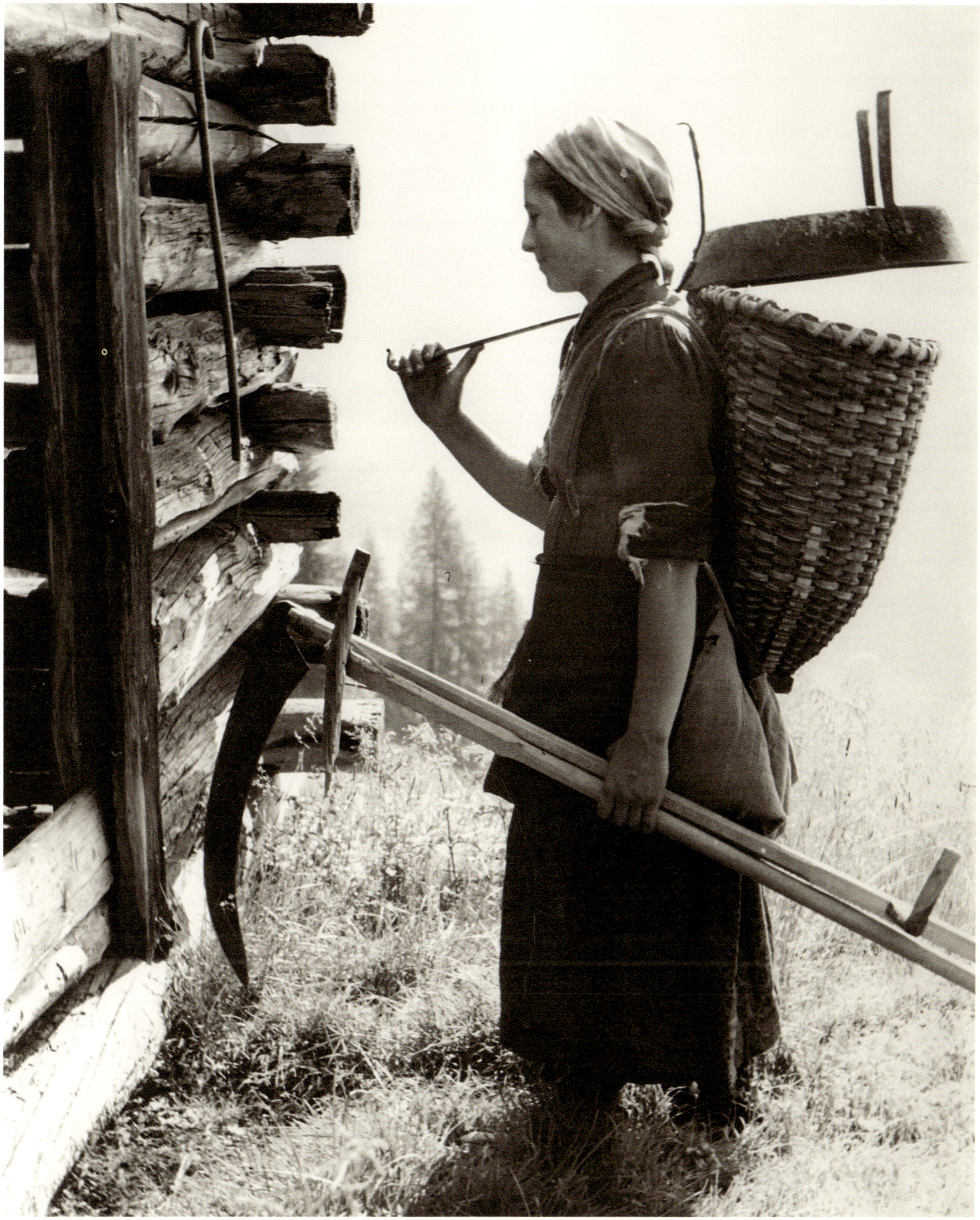

Das Hausfeuer war einst der Inbegriff von Sicherheit und Geborgenheit,
die Feuerstelle der Inbegriff des Besitzes und der Freizeit.
Mit gutem Grund wurden die Haushalte nach Feuerstellen gezählt.
Im Museum ist die „Rauchkuchl" tote Erinnerung, der Kunst des Fotografen
gelingt es, noch einmal ihr Leben, ihren Zauber, ihre Stimmung einzufangen,
ihr Dunkel, ihr Licht . . . ,,Länger belichten, kürzer entwickeln",
sagt er bescheiden.

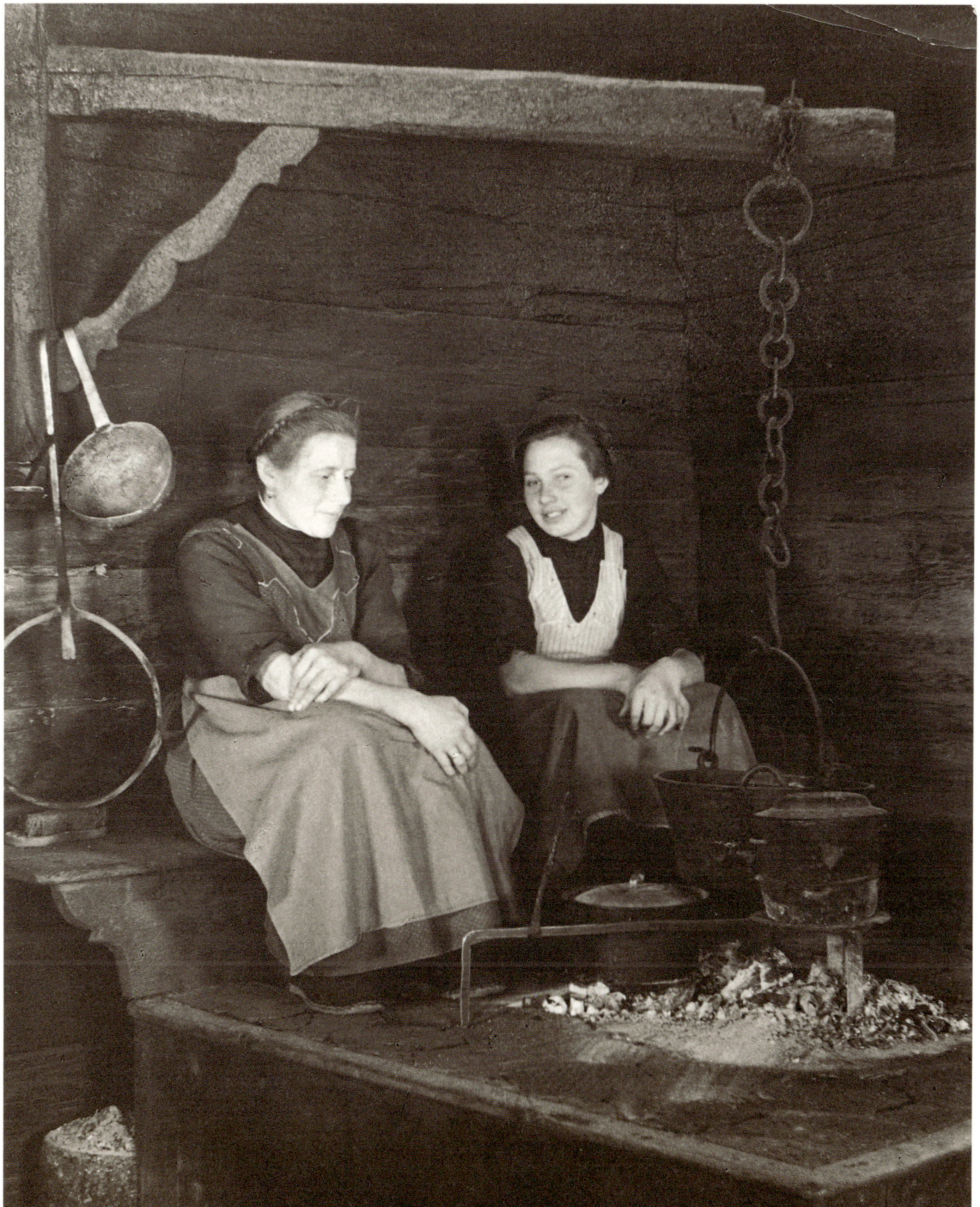

„Die Gitsche hat müssen Essn tragn, auf die Alm, mit ihrem Kinderkörbl, in ihren Holzzockln. Er is als Beschützer mitgegangen. Der andere is glatzköpfig, der hat Ungeziefer ghabt." Ein tief berührendes Bild – wie ein Ausschnitt aus einer alpenländischen Krippe. „Aber nix gestellt! Das sieht man schon an der hereinlaufenden Henne..."

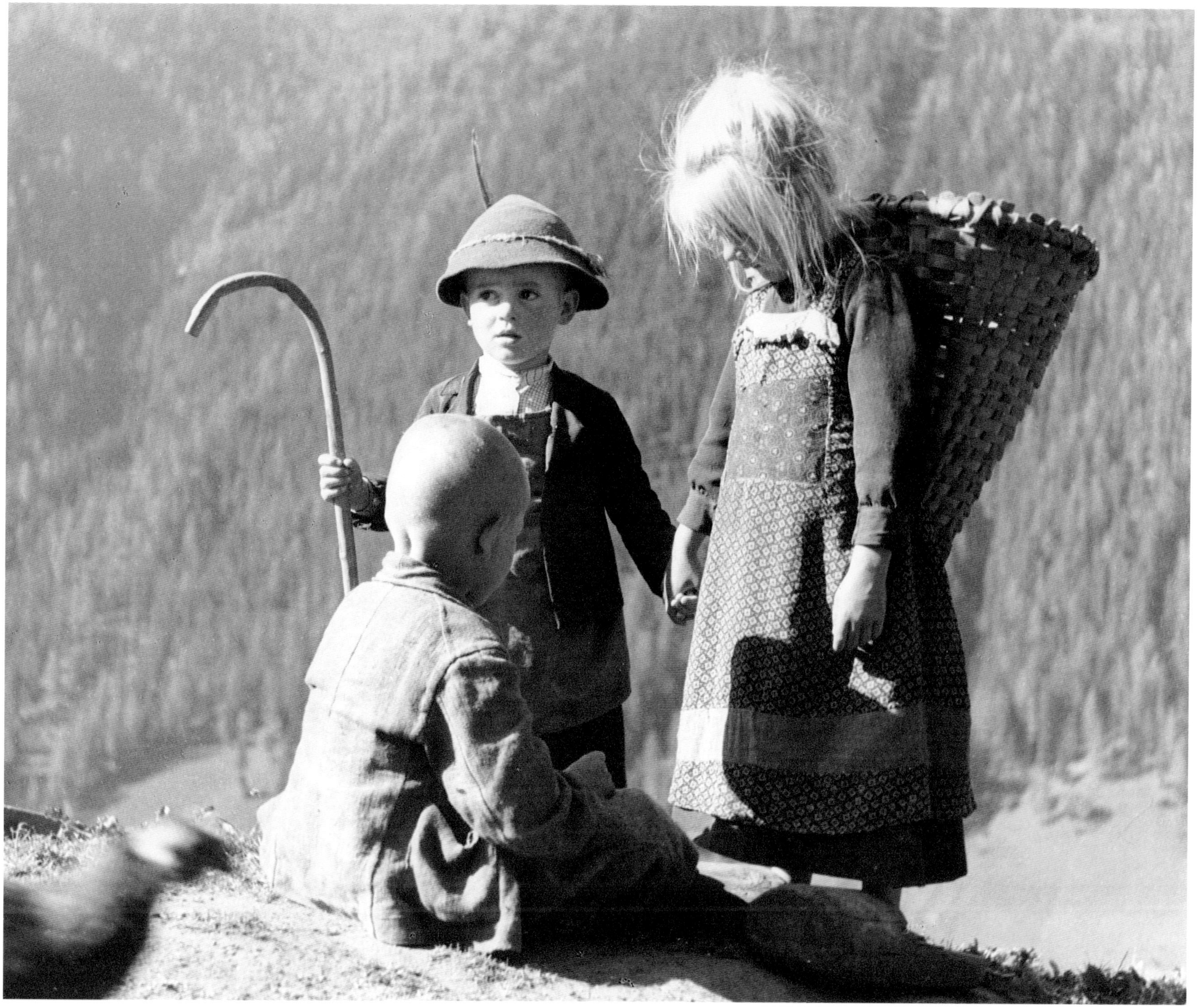

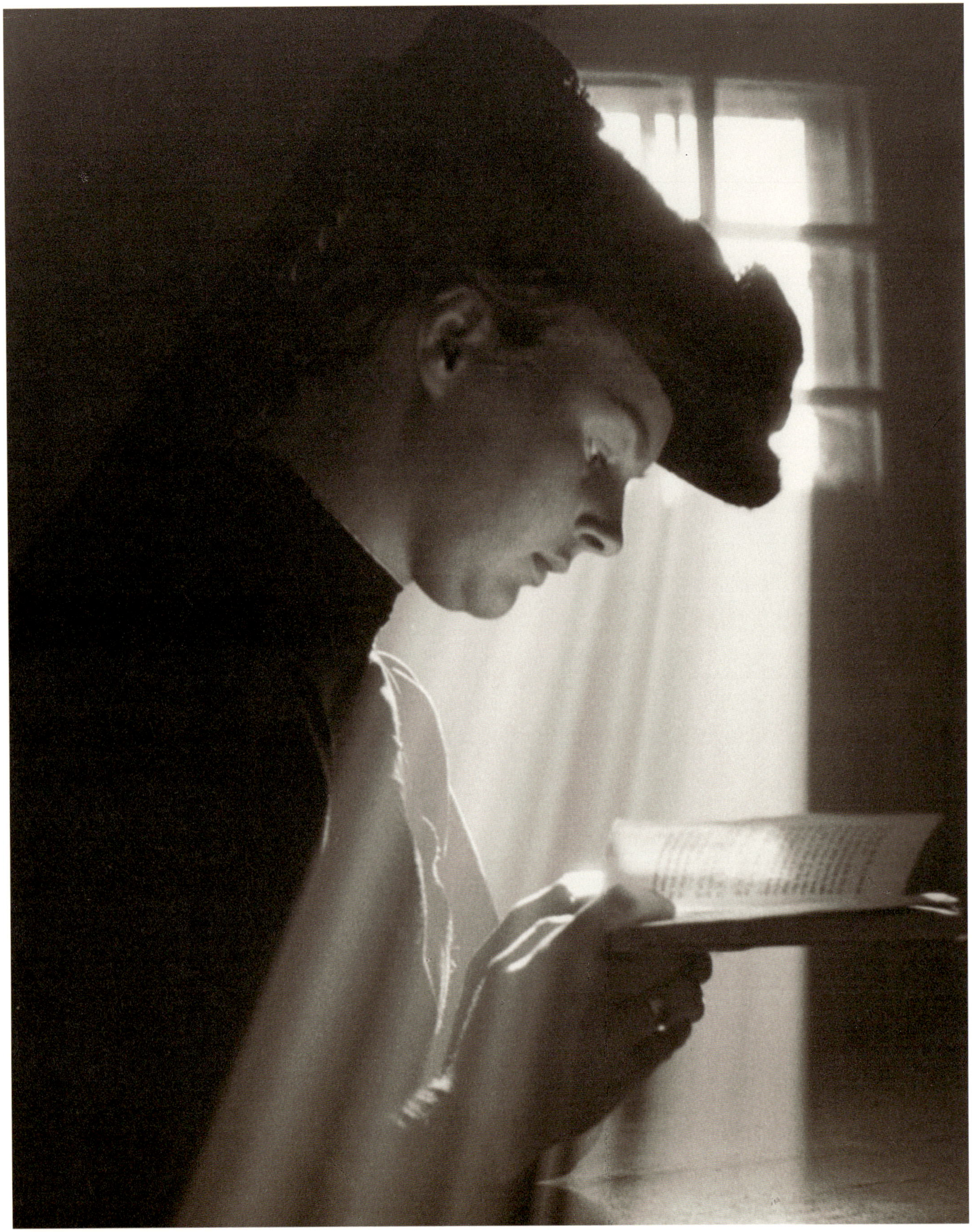

Wie himmlisches Gnadenlicht fällt die Strahlenbahn der aufgehenden Sonne
durch das kleine Fenster auf die Betende . . .

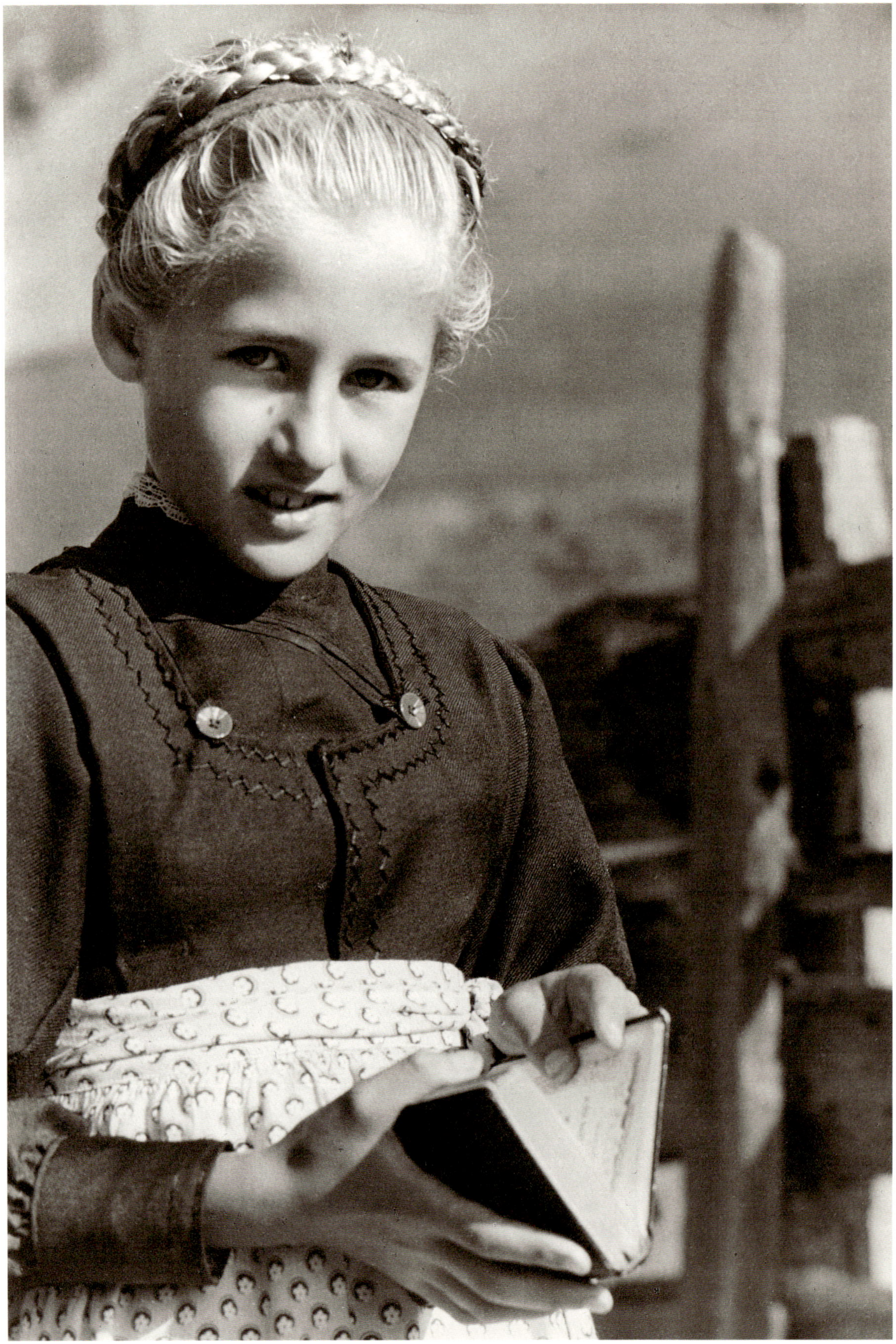

Sie hat sich für den Kirchgang „schön gemacht".
Wahrhaft „schön" aber ist sie von innen her. Welche Klarheit in diesem
„eigenartigen" Mädchenantlitz!

Ein hartes Leben hat dieses Gesicht um und um geackert, bis es wie ein Acker wurde, ein Stück gestalteter Natur. – „Das war der Seppele, mein Chef", sagt Leischner. „Bei dem hab ich gearbeitet – gefront. Aber die ham selber so gearbeitet. Zum Beispiel: Von den untersten Furchen die Erde wieder hinauftragen. Da war ma an der Schnur, die Erde im Korb, und obn a Rolln. Wenn der vordere obn war, hat er dich hinaufgezogn, praktisch.
Das war dir schon a harte Arbeit!"

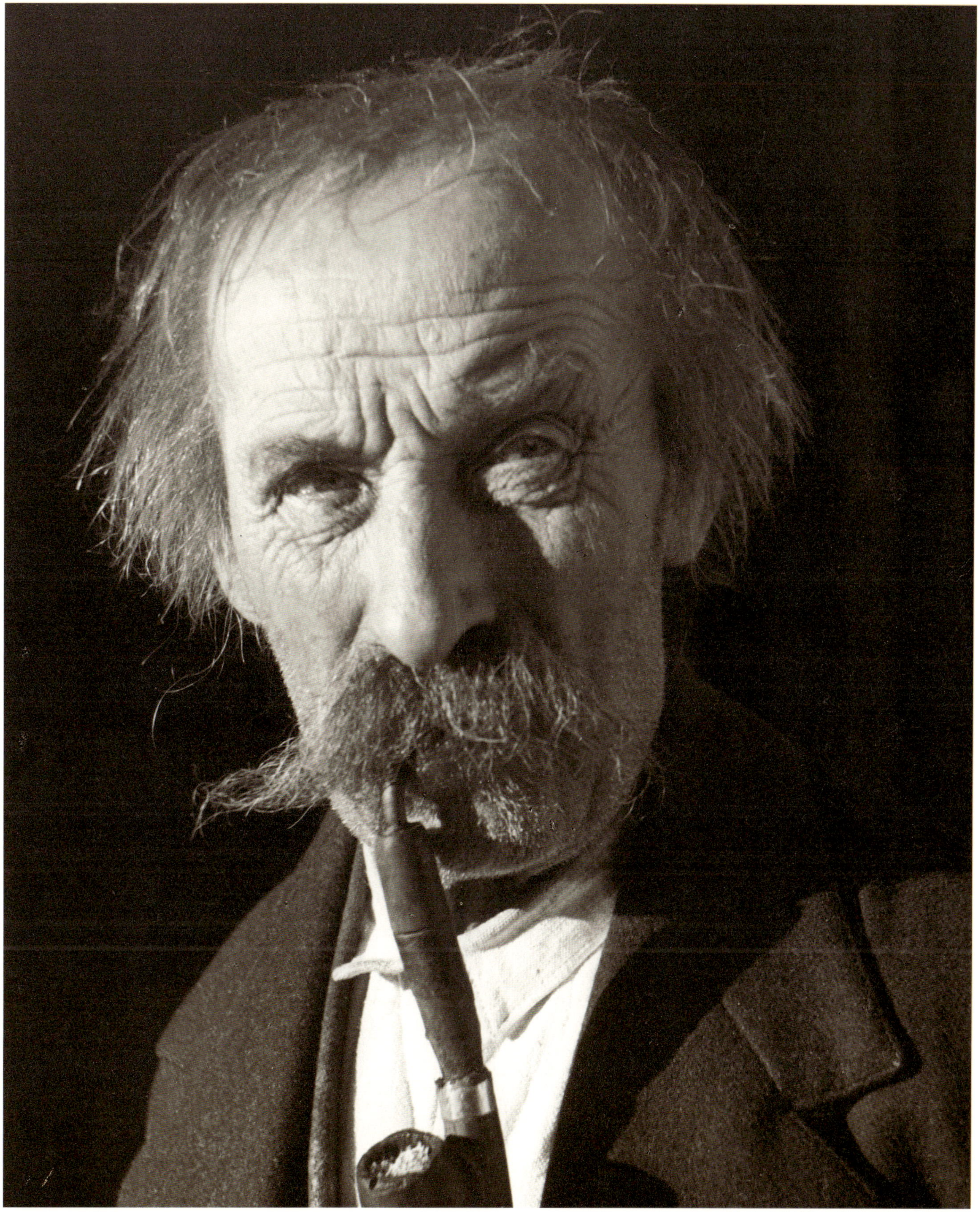

Das Essen war für den noch wahrhaft bäuerlichen Menschen weder die bloße Nahrungsaufnahme des Primitiven, noch der Gaumenkitzel des Überzivilisierten. Daß er beinah alles, was auf den Tisch kam, mit seiner Hände Arbeit hervorgebracht hat, machte ihn selbstbewußt und froh; daß dazu der Segen Gottes gehörte, machte ihn dankbar und andächtig. Die bäuerliche Mahlzeit war „Verrichtung" und „Fest" zugleich. – „Das is da, wo ich gholfn hab", erläutert Hubert Leischner. „Da is die alte Burgi; das is der Peter, der mich adoptieren wollt; da is der jetzige Bauer; die anderen Kinder . . ."

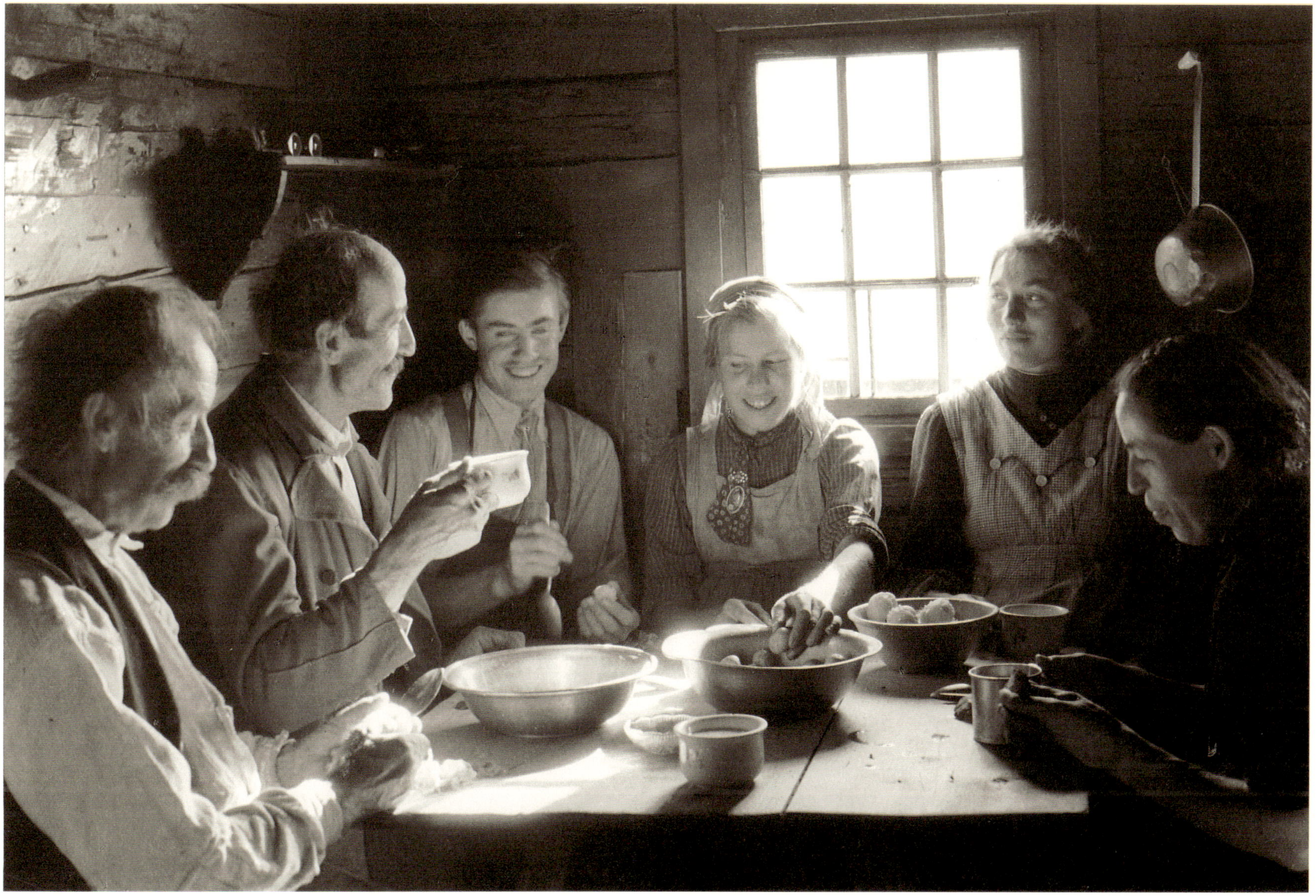

Die Petroleumlampe ist ein einschneidender Abschnitt in der langen, von magischen Elementen durchzogenen Entwicklung des Lichts. Sie ist das letzte Licht, dessen Quelle noch unmittelbar das Feuer ist; das erste nach den Notwendigkeiten versetzbare und verstellbare Licht.
Die Beleuchtungsmöglichkeiten vervielfältigen sich. Aber sie ist auch der Übergang zum leblosen technischen Licht. „Den Mosche Peter, wie er seinem Sohn vorliest, hab ich noch mit der Petroleumlampe fotografiert. In Außervillgraten hab ich meine ersten Aufnahmen bei elektrischem Licht gemacht. Dort haben sie ein kleines Kraftwerkl ghabt", erzählt Leischner.
Letzte alte, beginnende neue Welt...

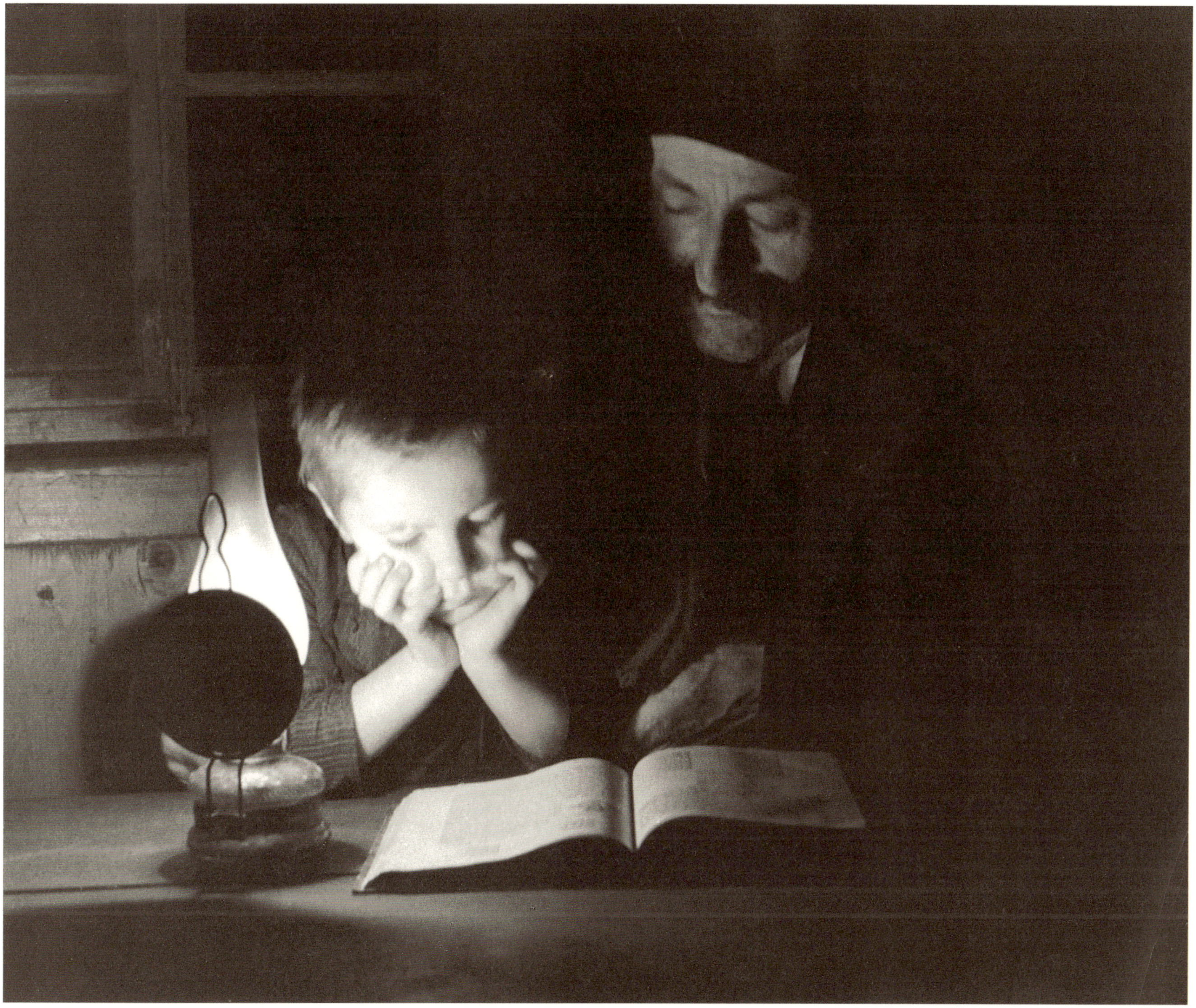

Ein Tiroler Spruch behauptet: „Adam und Eva kannten schon das Bieten und das Deuten." Neben dem „Watten", das fast ein „Tiroler Nationalspiel" geworden ist, werden in Tirol Kartenspiele wie das komplizierte „Perlaggen" bevorzugt, weil sie nicht bloße Glücksspiele sind. Das gegenseitige Locken, Schrecken und Irreführen sowie ein vorzügliches Gedächtnis sind ebenso wichtig wie eine gute Karte.

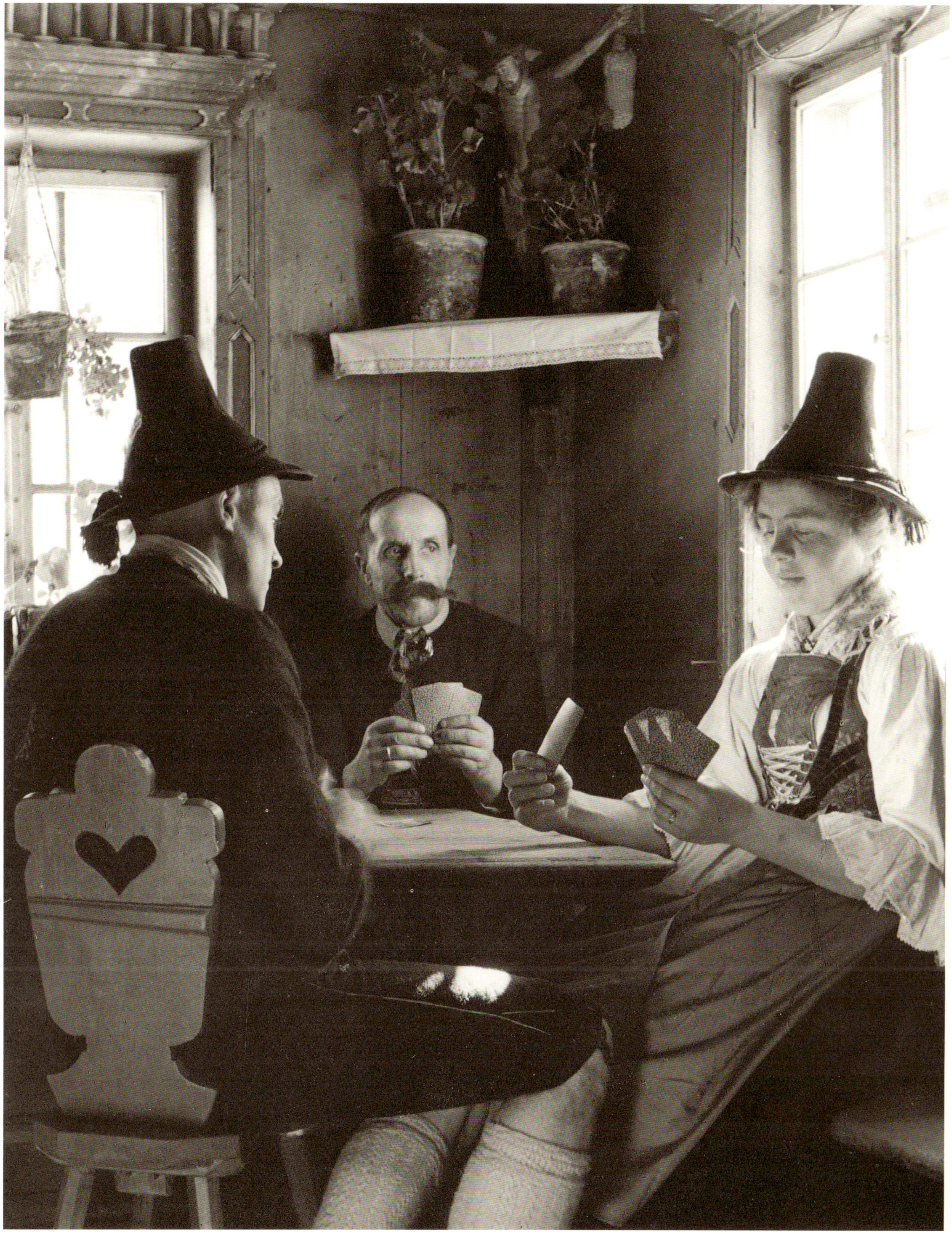

Es gibt nur wenige Orte in Tirol, in denen zu Mariä Himmelfahrt keine
Kräuterweihe üblich ist. Aber nicht überall haben die Mädchen Blumen in dem
Korb, den sie zur Segnung tragen – Blumen, die nichts als schön sind –,
als Huldigung an die „Hohe Frau", nach der dieser Tag hier seinen
volkstümlichen Namen hat.

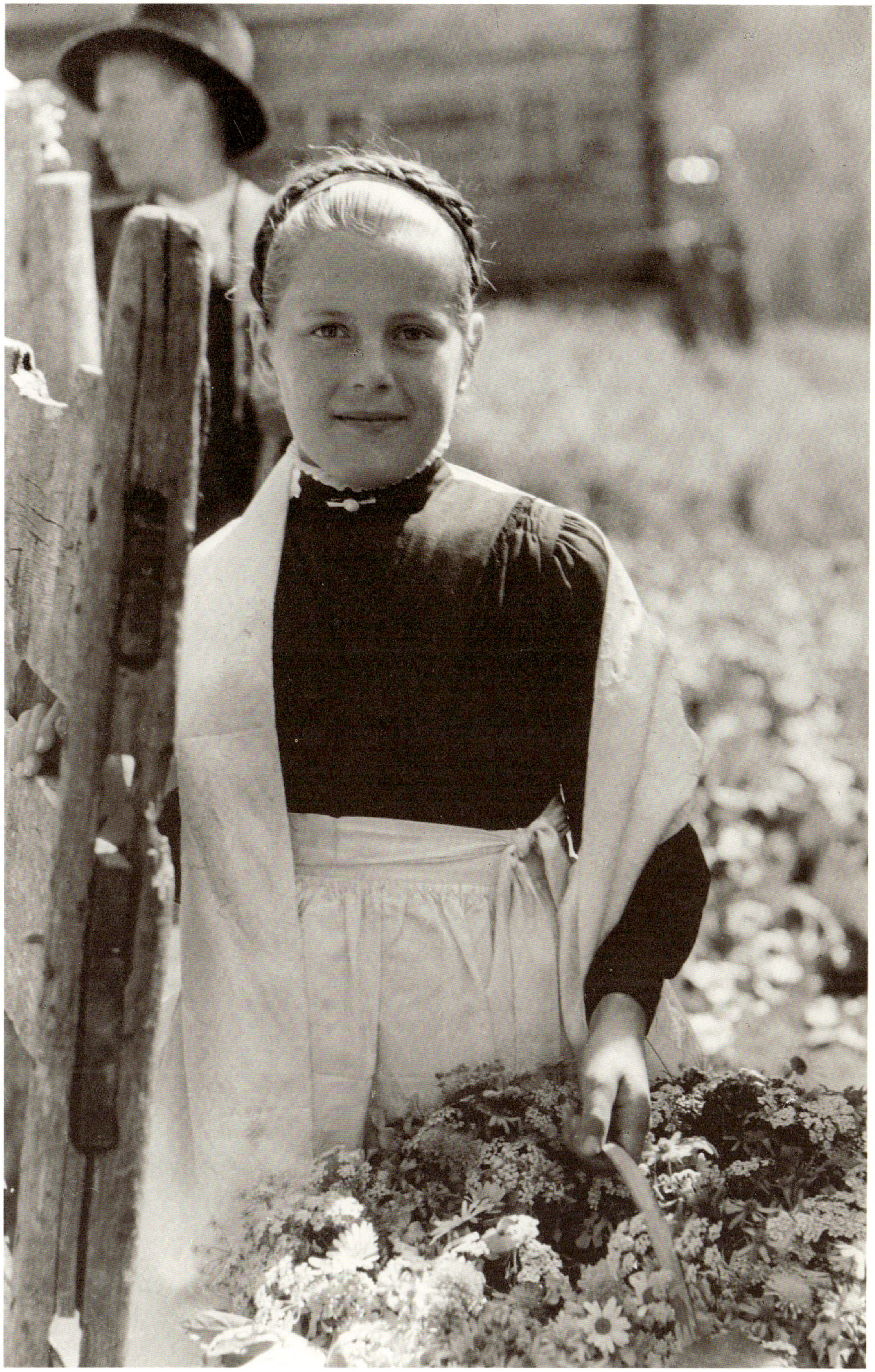

„Den Mohn ham sie für die Mehlspeisen gebraucht. Aber auch für'n ‚Mohnzuz'
für die kleinen Kinder, damit s' a Ruh gebn ham und gschlafn ham.
Aber die Hebamm hat den Müttern deswegn schon die Höll heiß gemacht!"

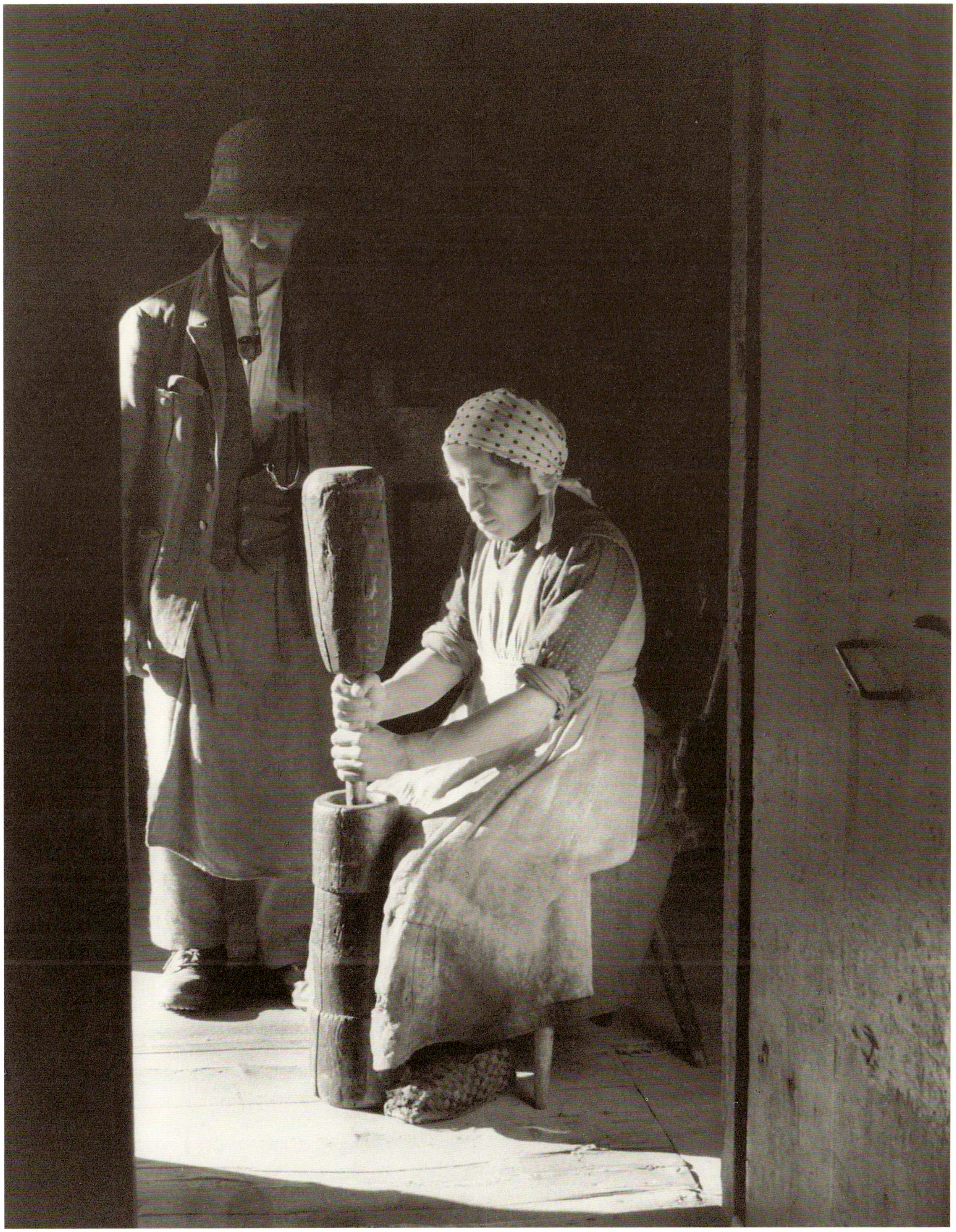

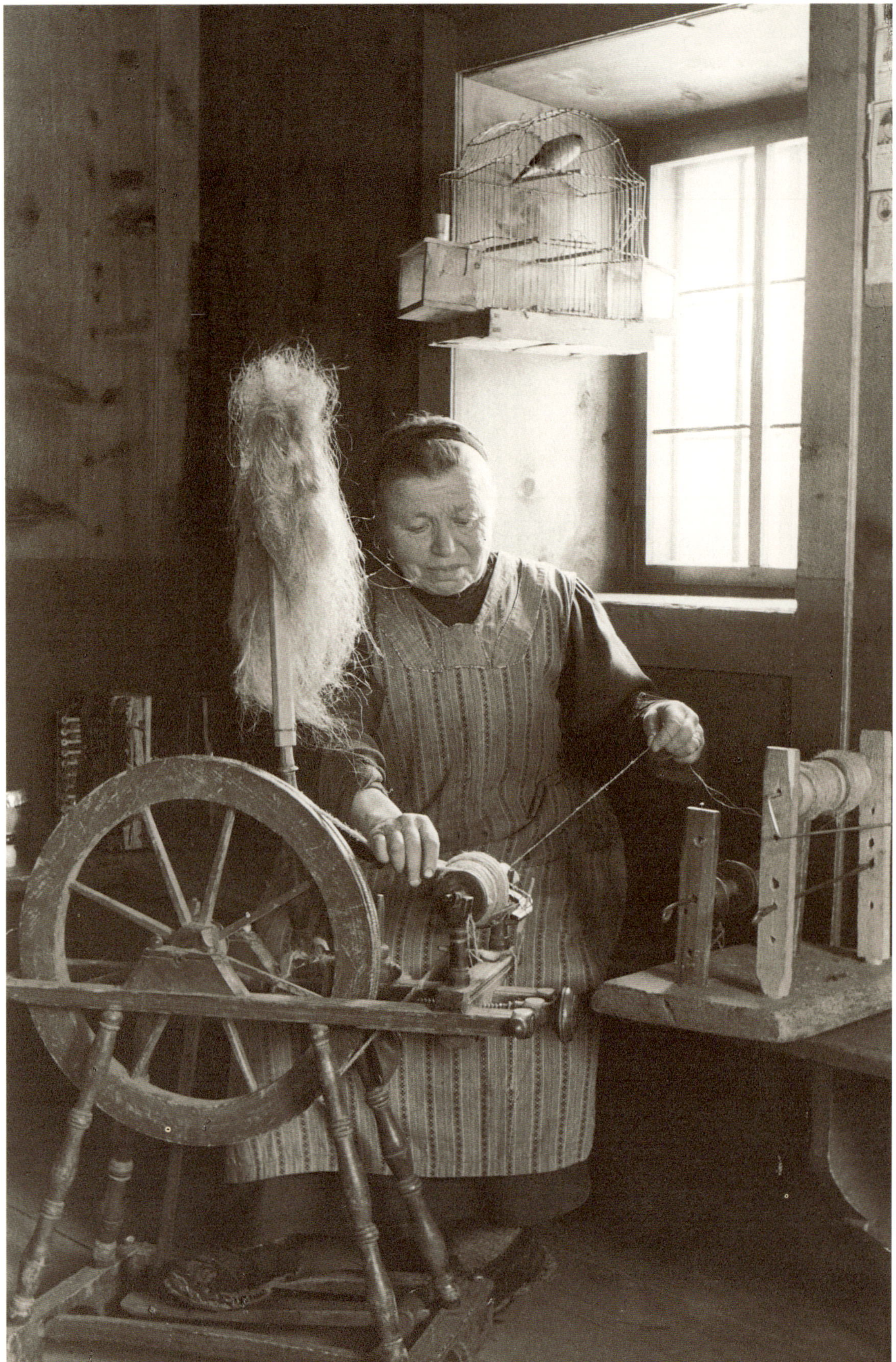

Es ist Herbst, die Schafe sind geschoren – da rücken sie gerne zu einem
wärmenden Knaul zusammen. Es wird schon kühl . . .

Für meine Frau und für mich eines der schönsten Bilder von Hubert Leischner,
das menschlich berührendste jedenfalls, das hoffnungsvollste.
Wir haben es täglich vor Augen, und oft hat es uns schon getröstet, wenn wir
an den Menschen verzweifeln wollten. – „Sie hat jetzt eine Fremdenpension",
erzählt der Fotograf. „Wir haben sie in Lienz getroffen – unverkennbar."

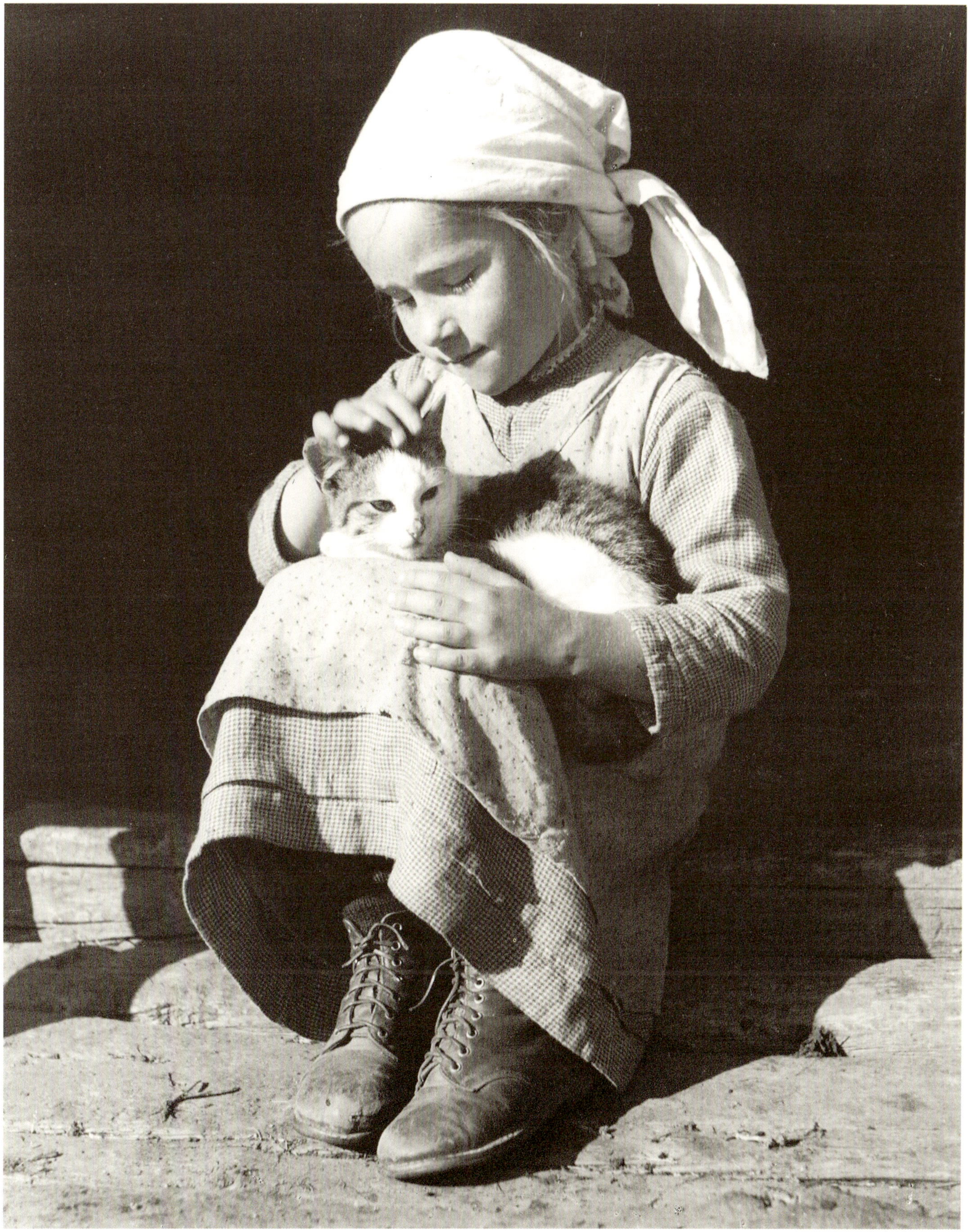

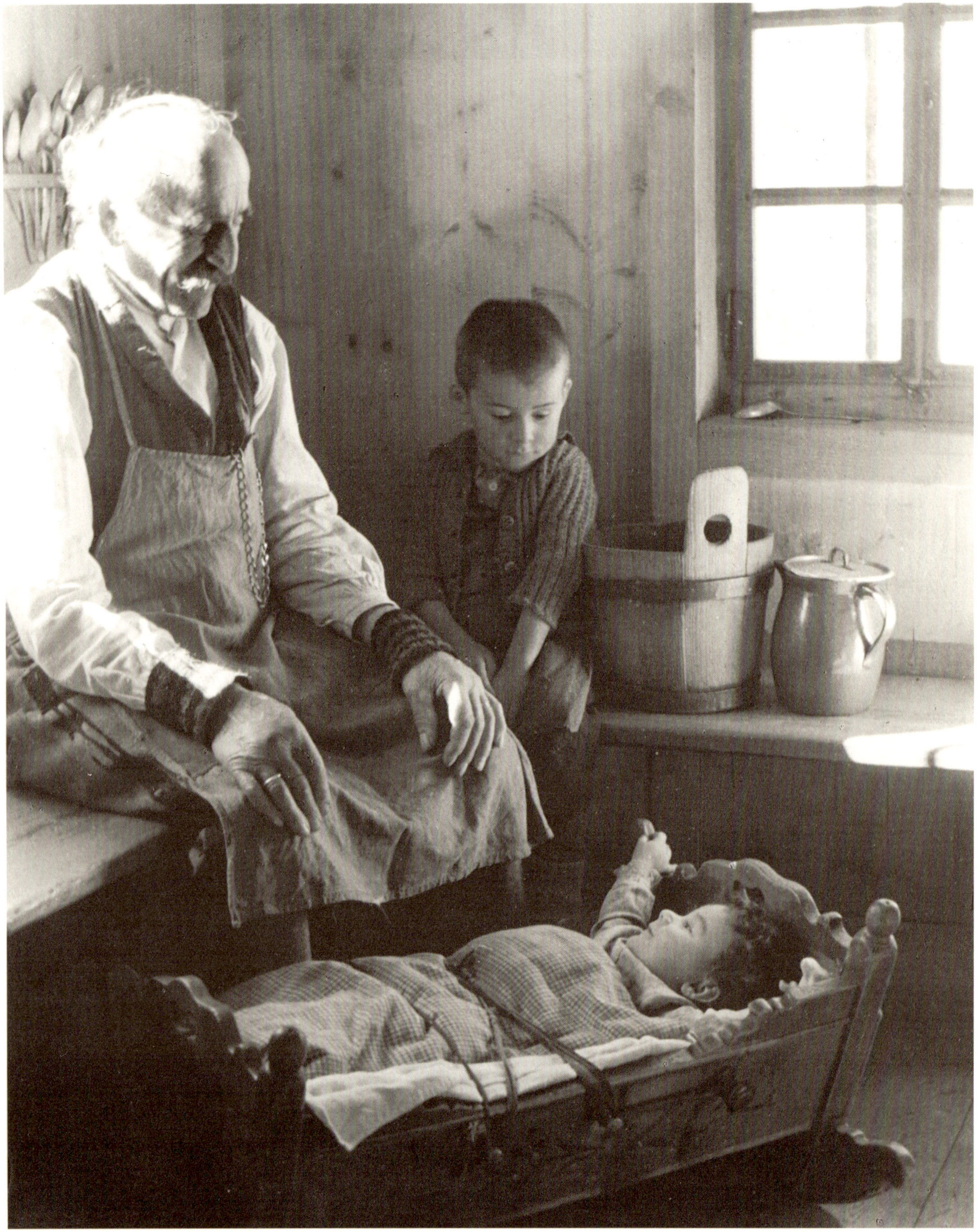

Ein bißl eifersüchtig ist er schon, der Größere.
Da verzieht der Popper sein Gsichtl – und schon zerschmilzt der Großvater
in Glückseligkeit!

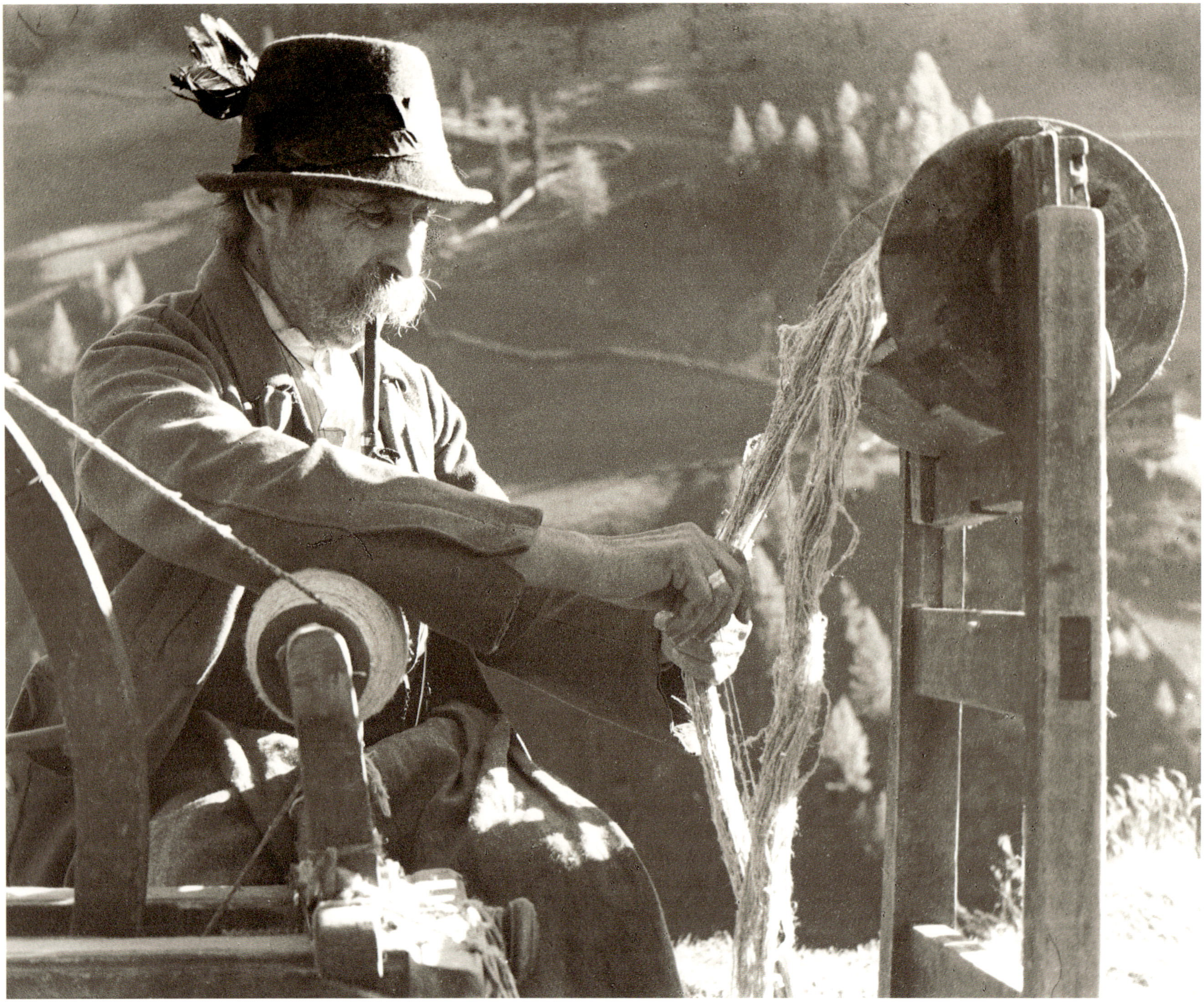

Uralt und urtümlich sind die Techniken der Herstellung des Leinens.
Im Innervillgraten der Nachkriegszeit spann und webte man auf dem Bauernhof
noch selber. „Flachsbau ham sie ja. Und das war dir a Leinen!" erinnert sich
Leischner: „Da hast ein Hemd gehabt wie a Panzer!"

Dieses Bild einer Arbeit konnte nur einem gelingen, der „selber mitgegangen is". Und so den Augen-, den Anblick erfaßt hat, da der Mensch hinter dieser seiner Arbeit, seinem Dienst verschwindet: „Wie wenn der Heuballn Füäß kriagt hätt", sagt Leischner – als ginge er selber auf den entliehenen Füßen, mit entliehener Kraft auf seinen Ruhe- und Reifeplatz bis zum Winter, bis zum Transport ins Tal.

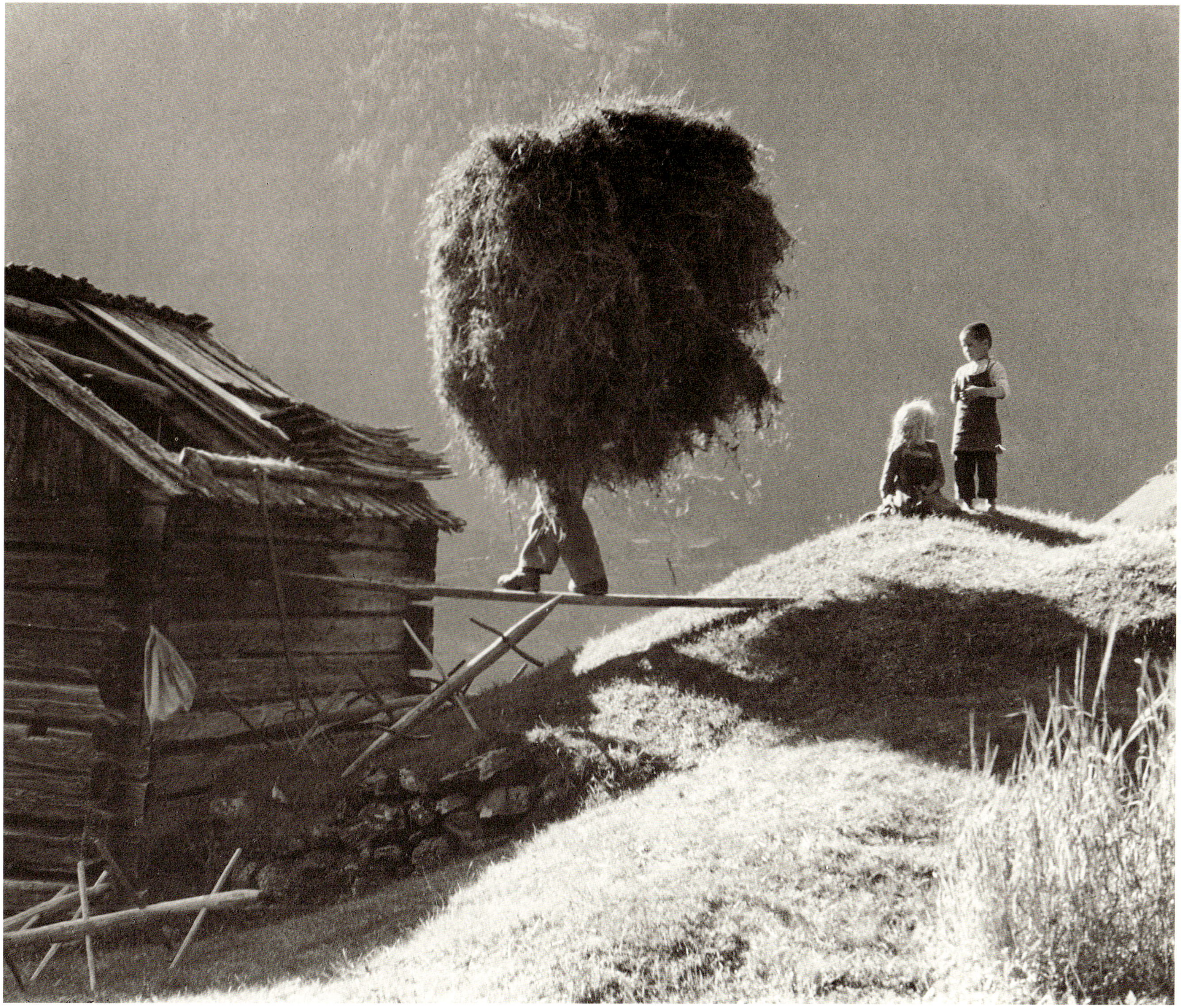

Auch wenn man sich am Zaun unterhält – einer hat fast immer einen Buckelkorb auf dem Rücken. Der Buckelkorb scheint mir so etwas wie ein Symbol der Gegend und ihres lastenreichen Lebens zu sein . . .

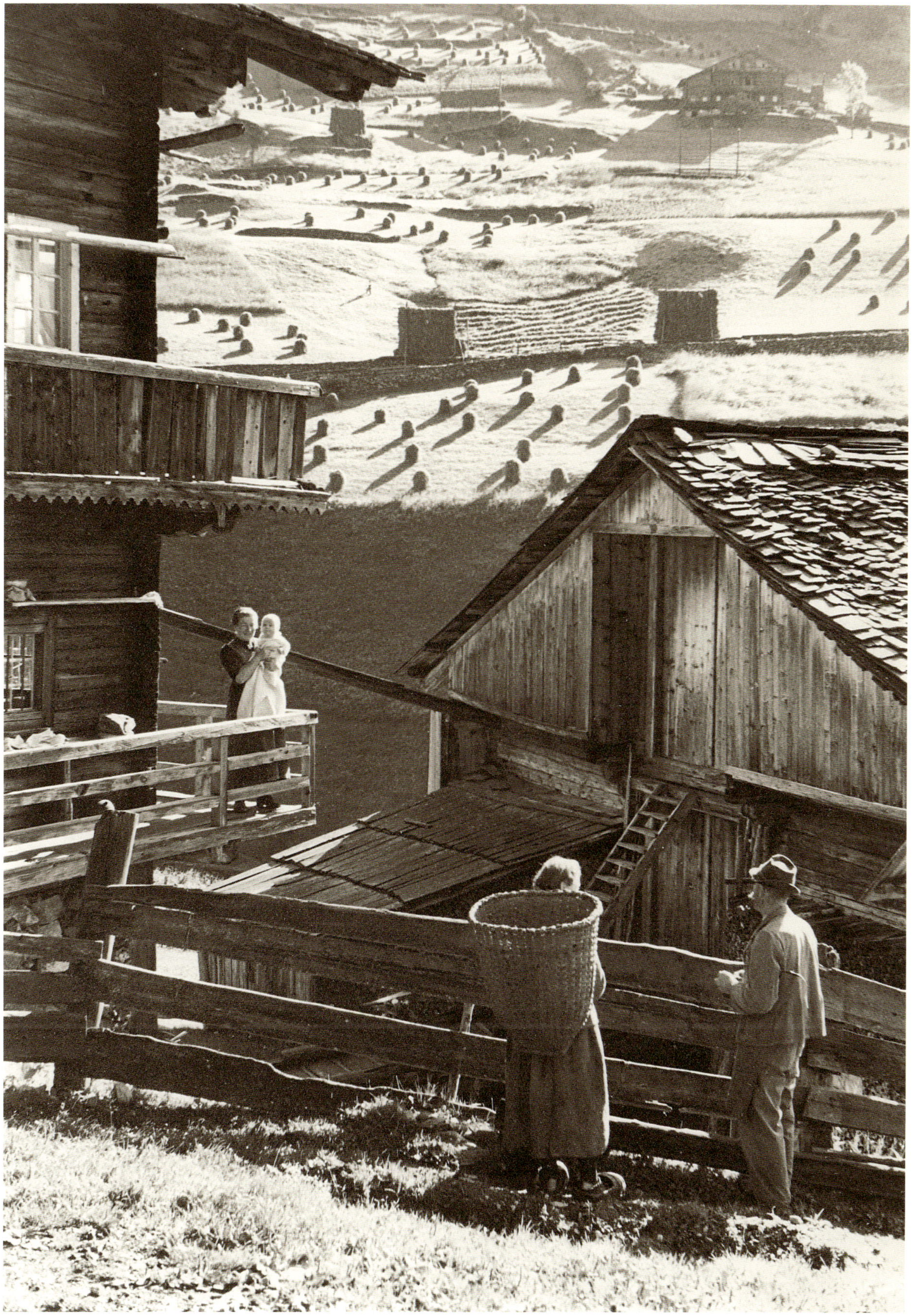

„Sonntag zu Mittag. Da bin ih grad auf meiner Bettltour hingekommen.
Meine Frau is immer draußn gebliebn, die hat sich a bißl geniert.
‚Warum geniern?' hab ich gsagt.
„Ich tu ja fotografiern, das geht in an Aufwaschn.' "

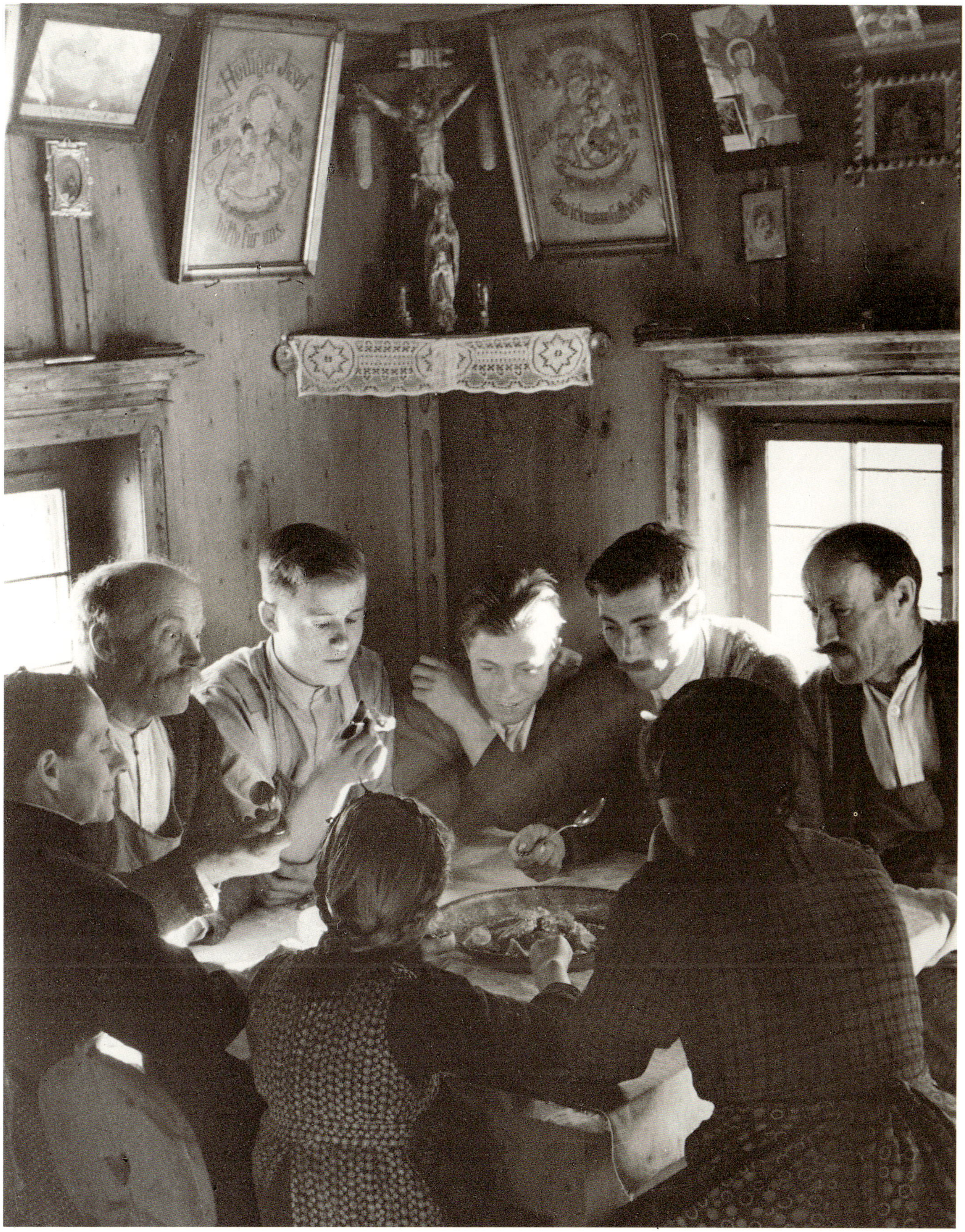
Heiliger Josef
bitte für uns.

In allen europäischen Ländern sind die Bezeichnungen für Butter ähnlich,
alle stammen sie vom griechischen bou-tyron, „Kuhquark", her.
Überall ist bei den Gebirgsbauern, die praktisch von der Viehzucht leben,
da es kaum Getreide gibt, das aus der Milch gewonnene Speisefett eines der
wichtigsten Nahrungsmittel – und das „Buttern" (im 15. Jahrhundert
„außputtern") eine der wichtigsten Frauenarbeiten.

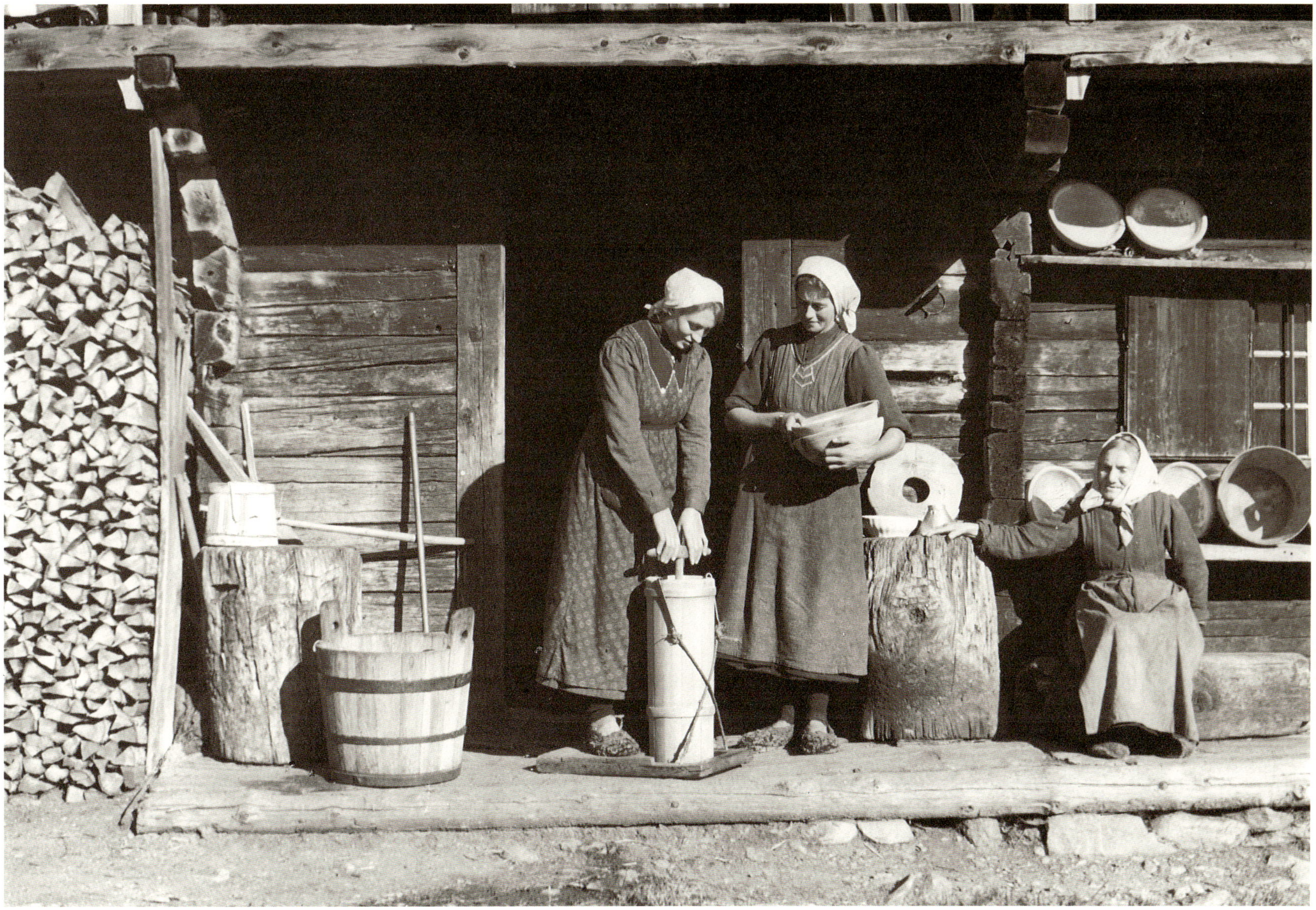

„Wie die Männer im Gasthaus setzen sich die Frauen in der Stube zum
‚Tratschn' zsamm. Ich bin grad auf meiner ‚Bettltour' vorbeigekommen." –
Man könnte sich viele Geschichten ausdenken, die in dem Buche stehen,
drei Frauengenerationen so unterschiedlich beeindruckend. Ich denke mir am
liebsten ein Schelmenstück, bei dem die Männer nicht ganz gut wegkommen.
Oder vielleicht eine Schmugglergeschichte, in der die „Finanzer"
genasführt werden ...

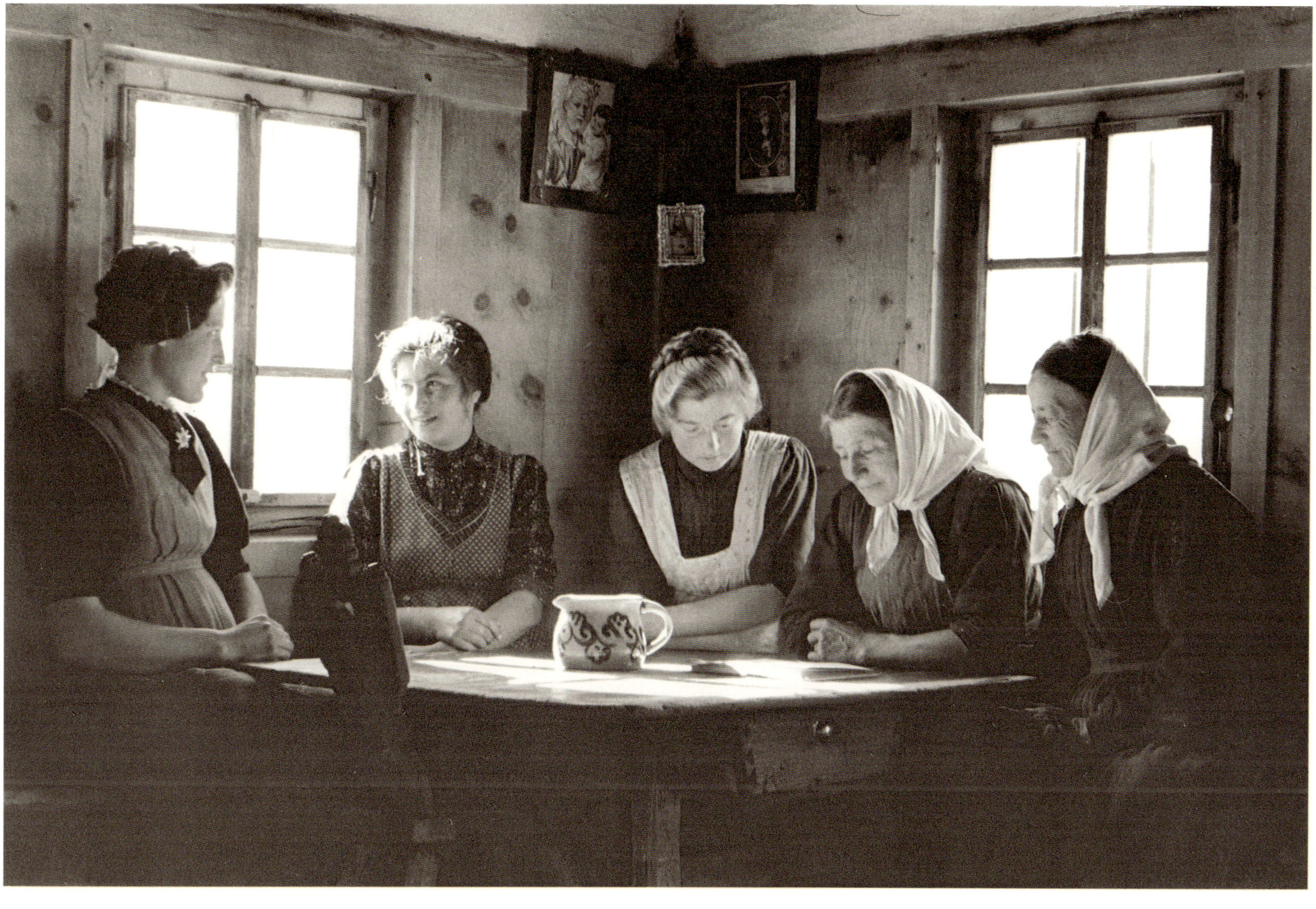

Das war eine der schwersten und schwierigsten Arbeiten, erinnert sich
Leischner: „Die Bergbauernarbeit is mir schon schwergfalln, besonders am
Anfang. Ich hab ja vorher nie Bauernarbeit getan. Eins is mir zugute gekommen:
daß ich Bergsteiger war. Es geht ja fast immer nur bergauf oder bergab.
Die Bauern da drobn, die sind ja keine Bergsteiger. Wenn der Fels anfängt,
is aus – außer beim Schmuggln."

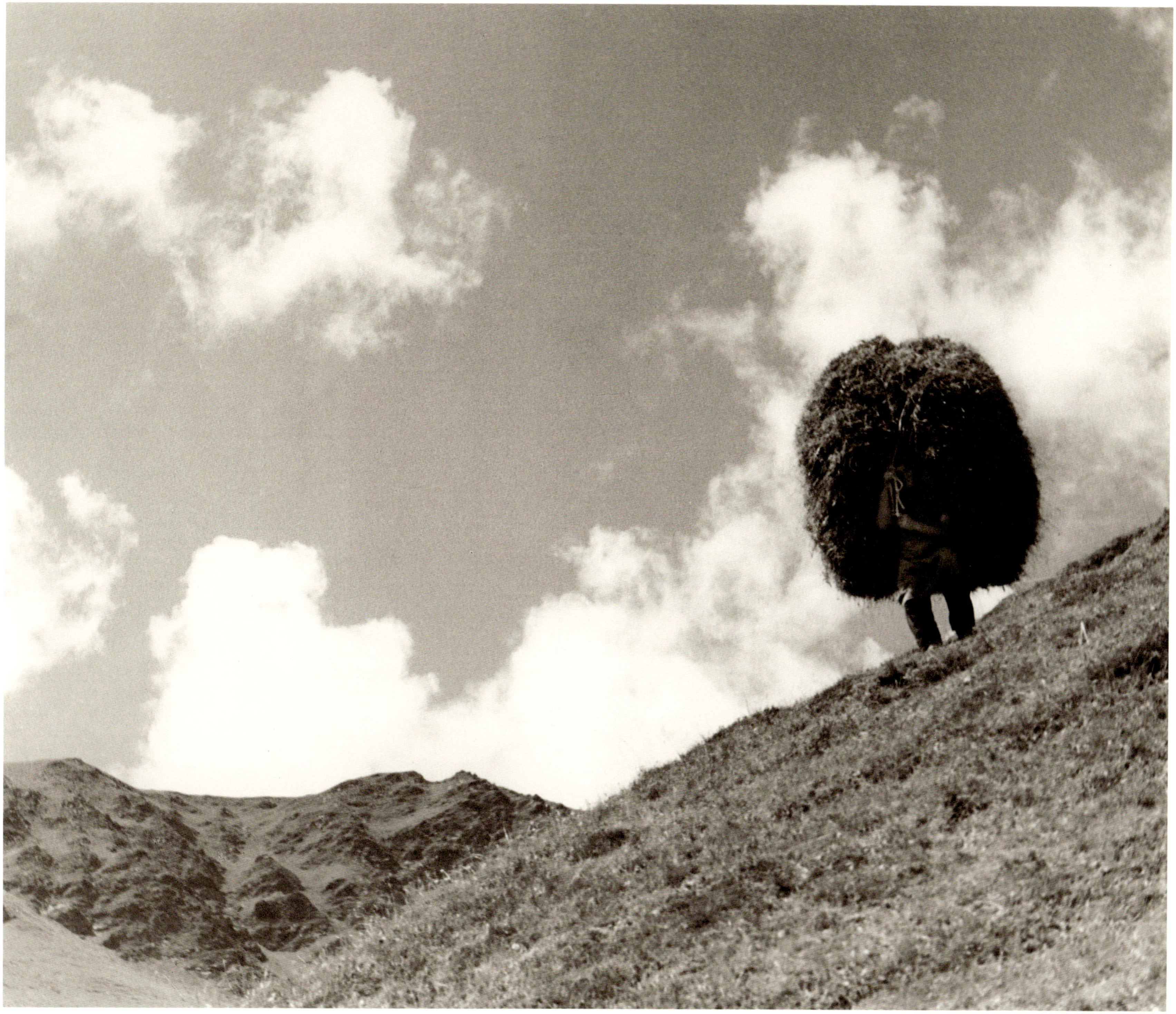

Besuch ist da: „Die sind nicht aus Innervillgraten, die sind aus St. Jakob;
man sieht's an der Kleidung", sagt Leischner. – Wieder einmal besticht das
kunstgerechte Einfangen des Spiels von Licht und Schatten um die Bewegtheit
der Gruppe durch den Fotografen.

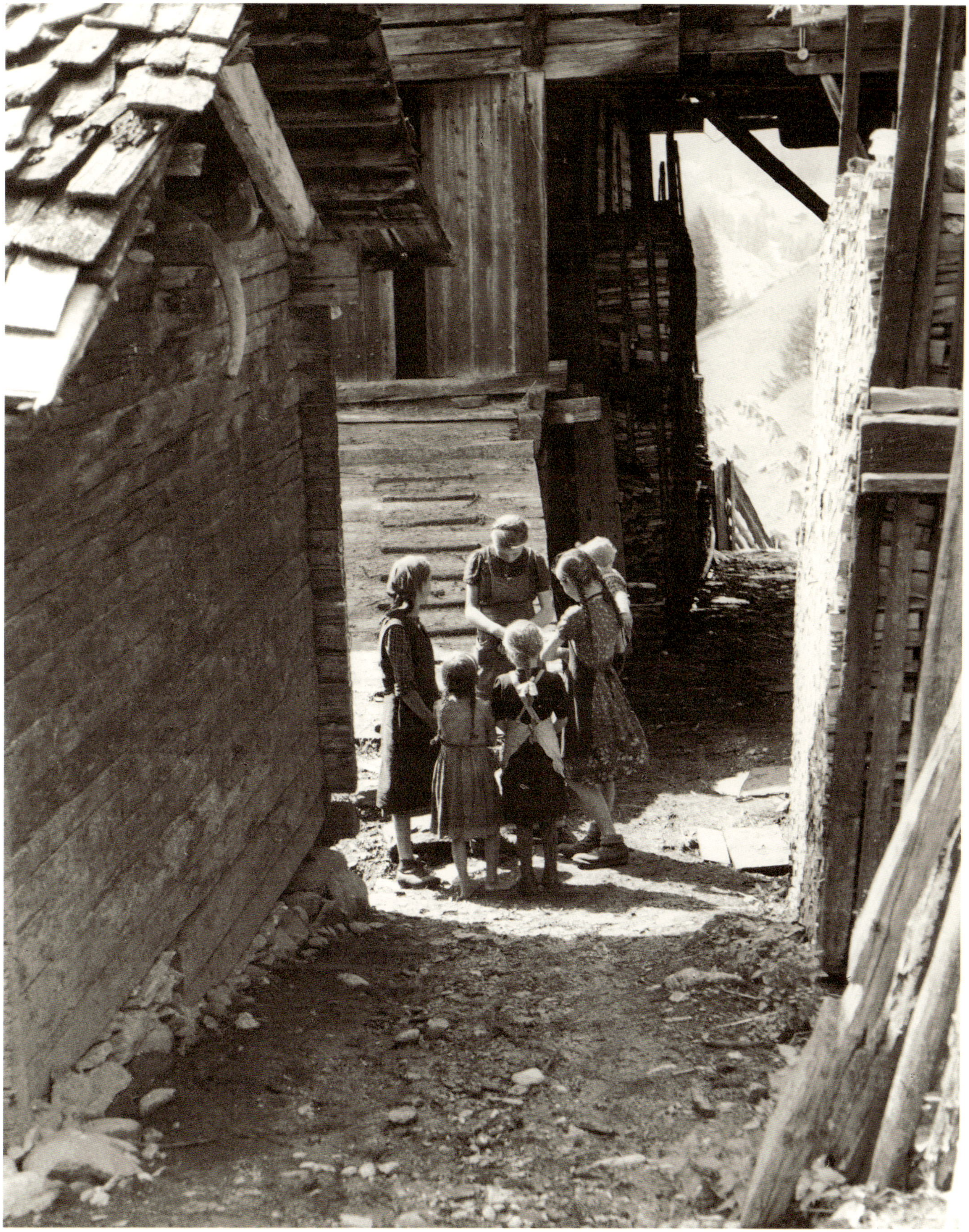

Noch schreit und klimpert und flimmert einem nicht zu jeder Stunde die
ungereimte Welt da draußen aus dem Radio und Plattenspieler und Fernseher
in die Stube. Auch in den wenigen, darum kostbaren Büchern ist eine andere
Welt, aber eine, die man versteht, wie man den Himmel versteht und die
Hölle und das Fegefeuer. Und man hat und man lebt was davon, wenn man
in dem Buche liest, das von Heiligen oder Mördern handelt, von Gräfinnen
und Sklaven erzählt, von Riesen und Zwergen, von fernen Ländern und
vergangenen Geschehnissen . . . Das ist Sonntag nachmittag:
ein bißl Wegsein aus der Alltagswelt.

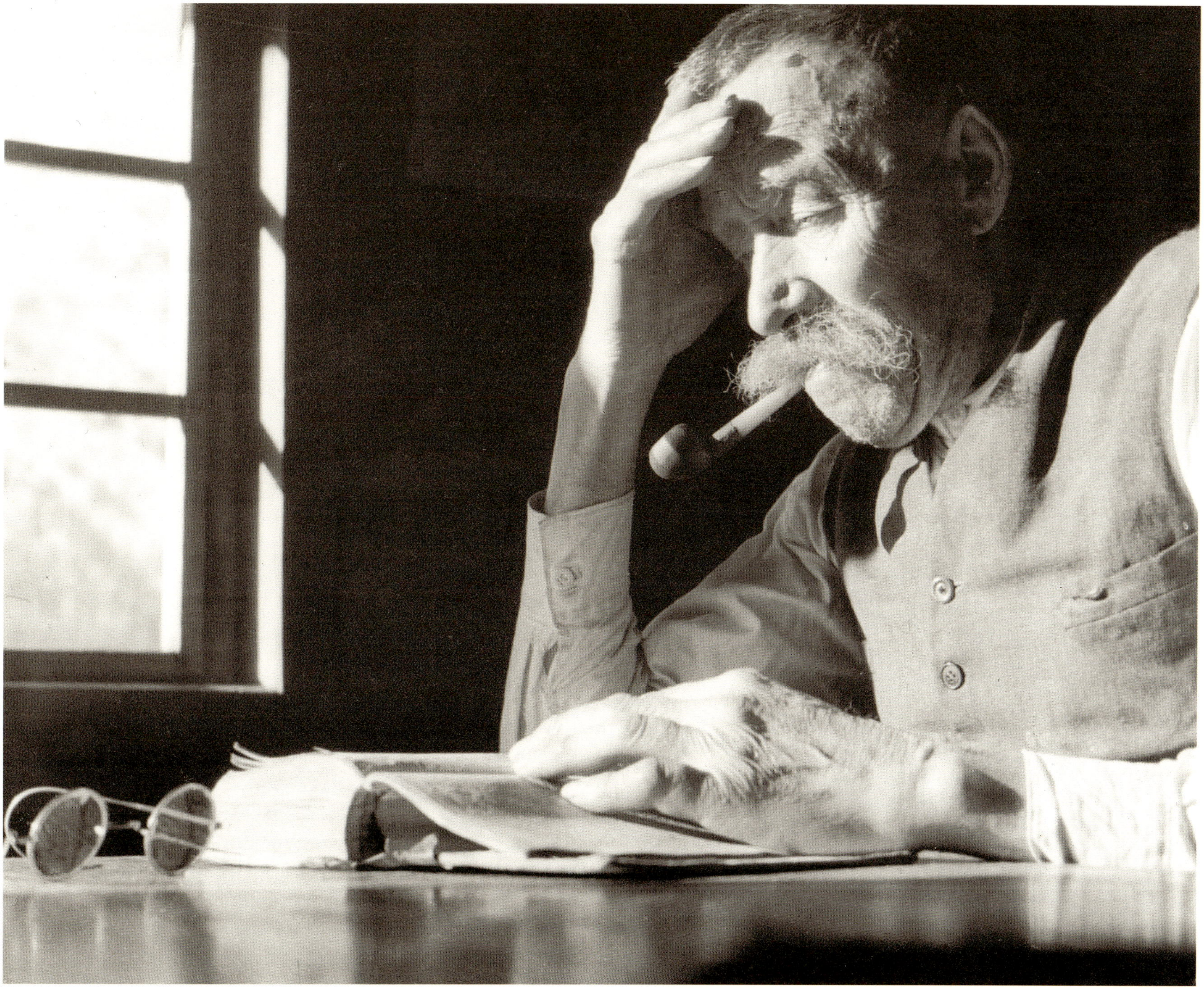

Spätsommer . . . Hoch oben tastet sich schon der Winter vor, schräg fällt das
müdere Sonnenlicht, es wird früh kühl, man weiß den schützenden Umhang
zu schätzen . . . Aber die Schafe finden noch genug von dem
guten Almgras.

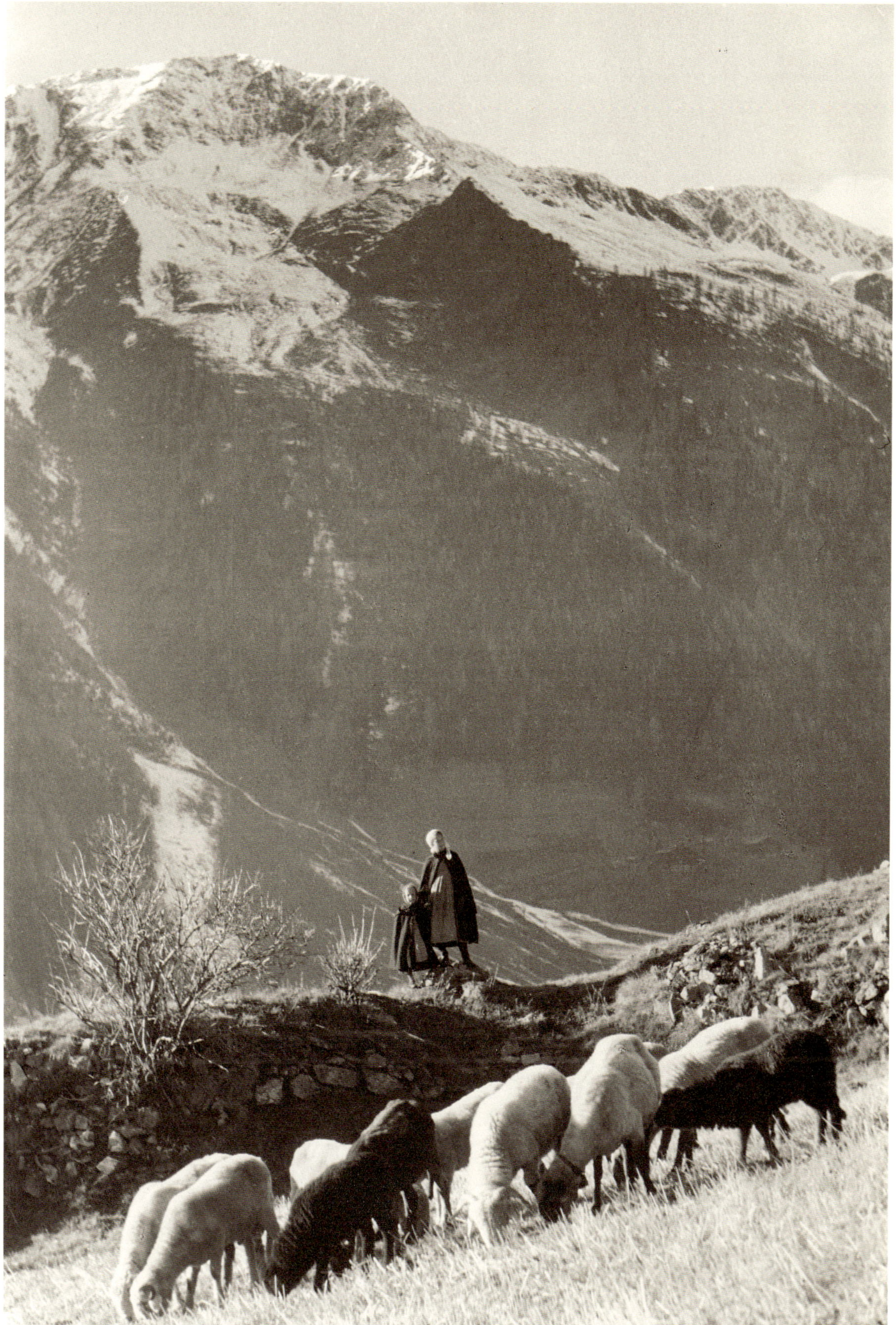

Der Weg ist schwer, und der übervolle Buckelkorb ist schwer.
Die Rast ist wahrlich verdient. Was heute als neueste Erkenntnis gegen
den „Streß" gepredigt wird: die vollkommene Entspannung, der bäuerliche
Mensch hat sie seit jeher beherrscht. So bringt die Rast rasche Erholung.
Sie kann eh nur kurz sein – der Weg ist noch weit.

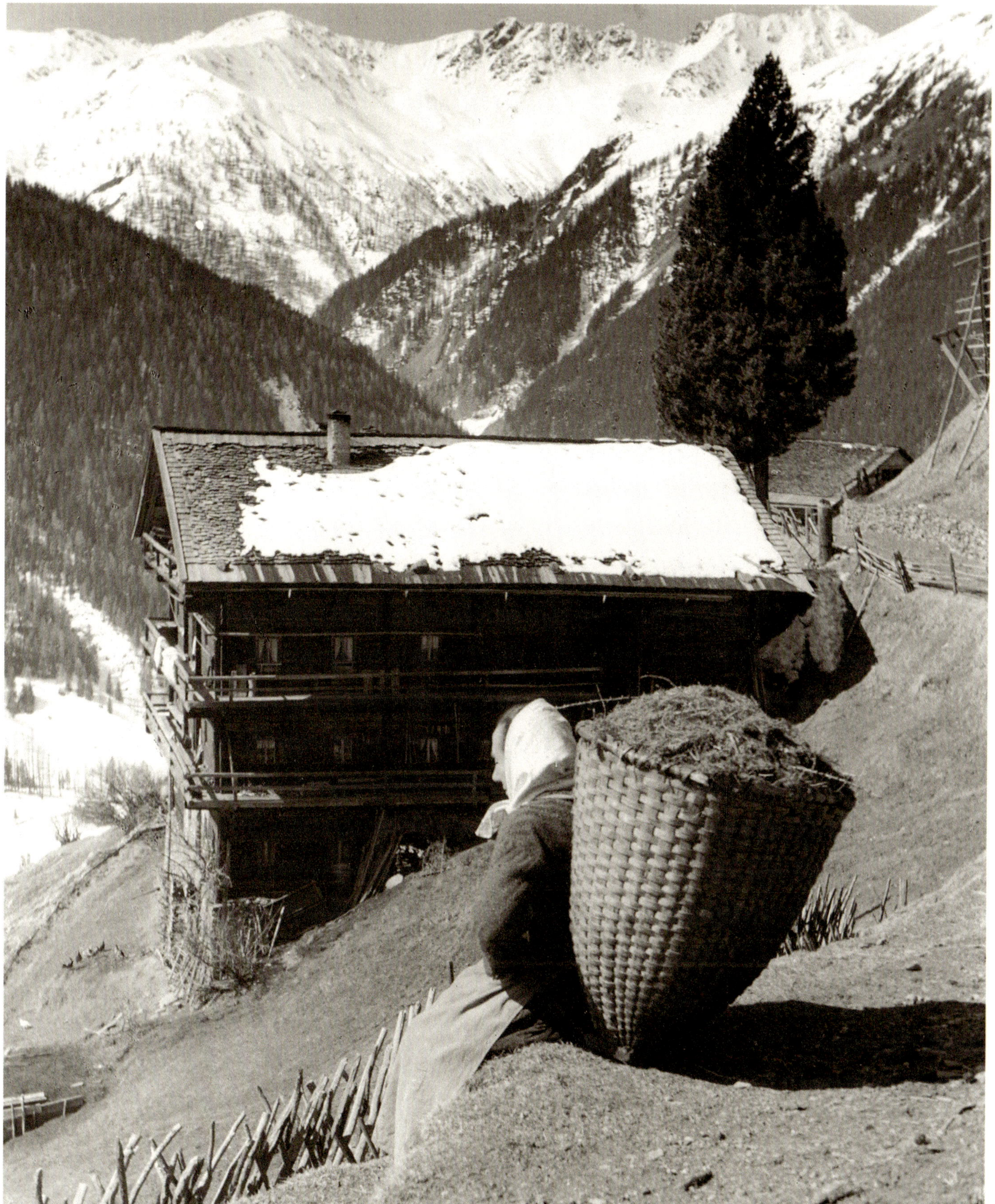

„Die kommen grad von der Frühmeß nach Haus. Eine halbe Stund war's bis zu uns herauf. Das sin Zwillinge. Saubere Gitschn, gell? Gwesn", sinniert der alte Leischner. „Jetzt wern sie ah schon alt sein, so siebzig . . ."

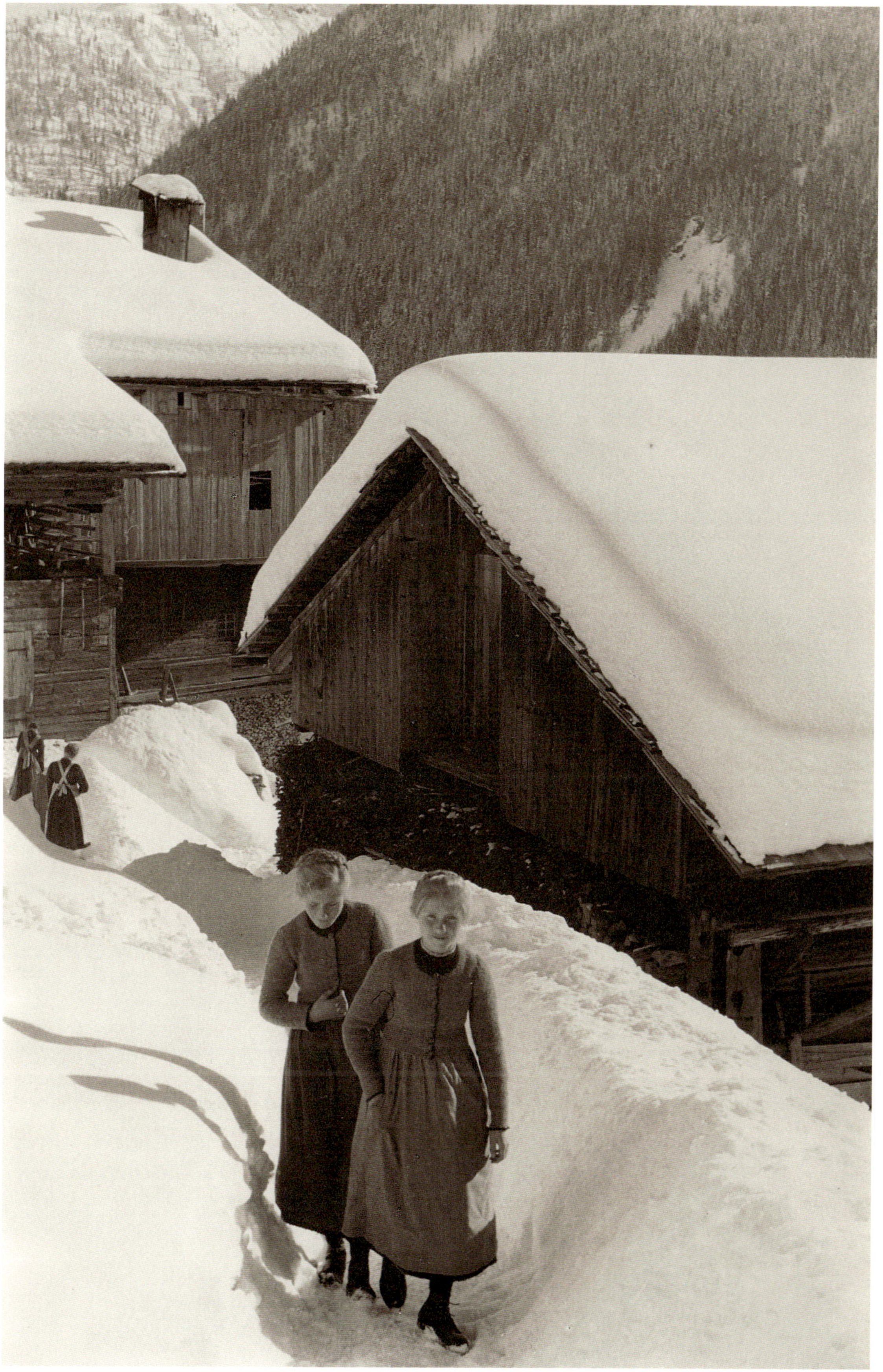

Ob's in Innervillgraten noch der Brauch ist, daß die Kinder in aller Herrgottsfrühe von Haus zu Haus ziehen, um „A glückseligs neu's Jahr" zu wünschen, und beschenkt werden?

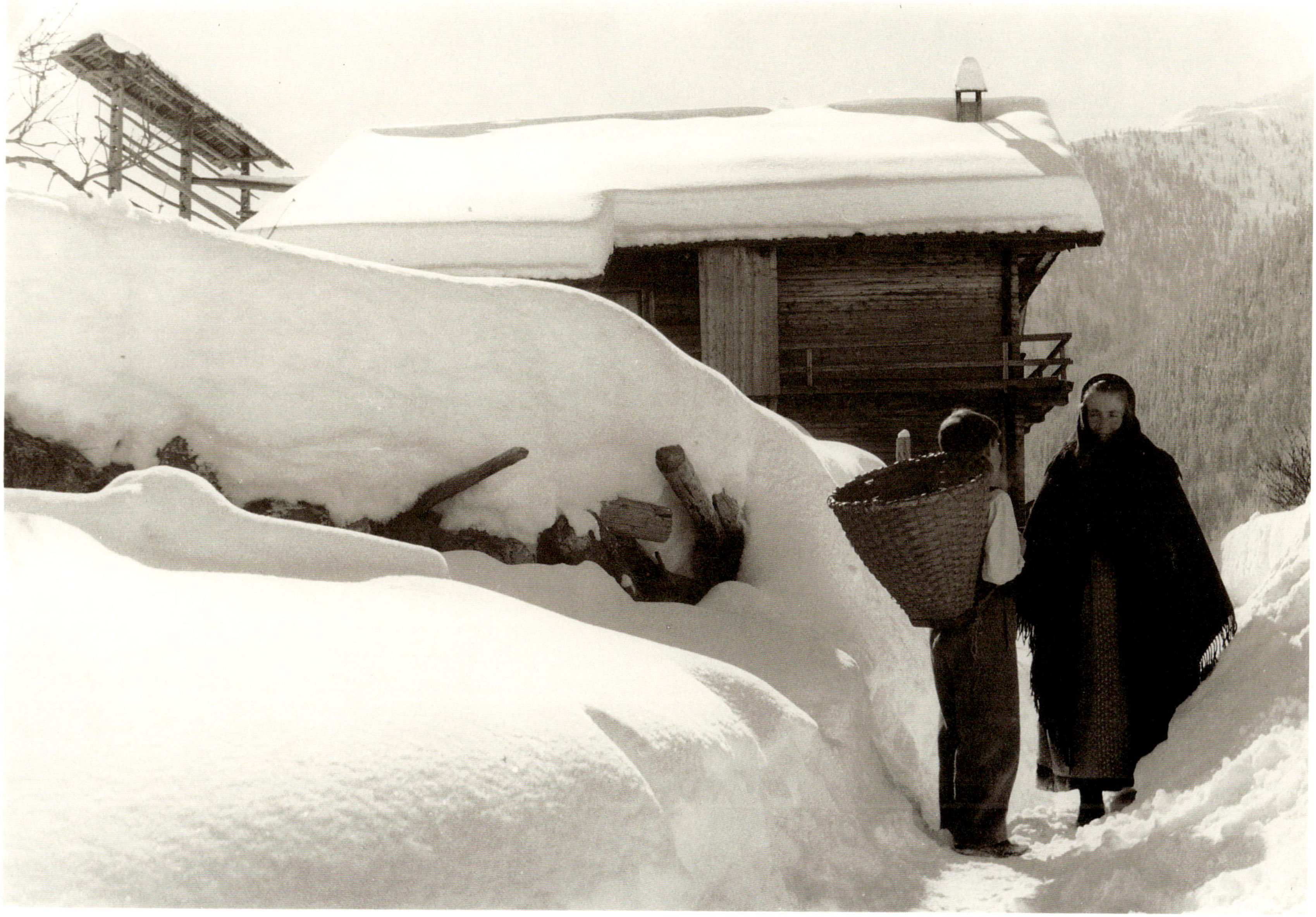

Kirchgang am Neujahrsmorgen.
Der Glaube, daß es mit allem, was einem am Neujahrsmorgen begegnet
und was man am Neujahrstag tut, seine gewichtige, zukunftweisende
Bewandtnis hat, ist wohl noch lebendig. Deshalb ist auch der erste
Kirchgang im Jahr von besonderer Bedeutsamkeit.

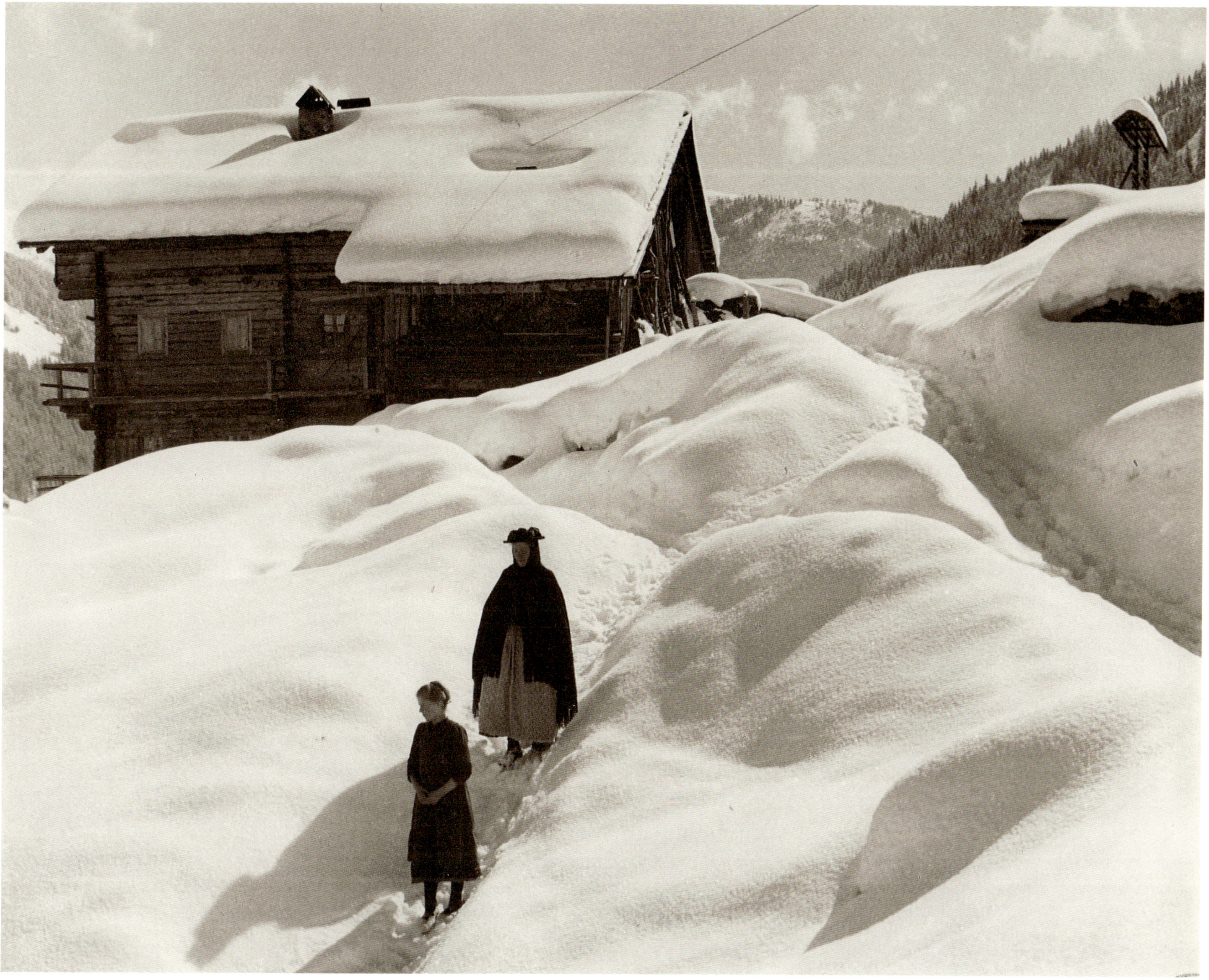

„Zu Ostern ham sie den Brauch gehabt, daß sie die Kreuze geschmückt ham
mit Palmkatzln. Den Herrgott, den ham die Bauern geschnitzt dort.
Der Kopf is schon etwas Egger-Lienz. Wer den Egger-Lienz net versteht,
der soll nur ein paar Jahr dort obn lebn! Da is alles schwer, schwer und eckig!" –
Dazu die zarte, tröstend streichelnde Gebärde der Kleinen . . .

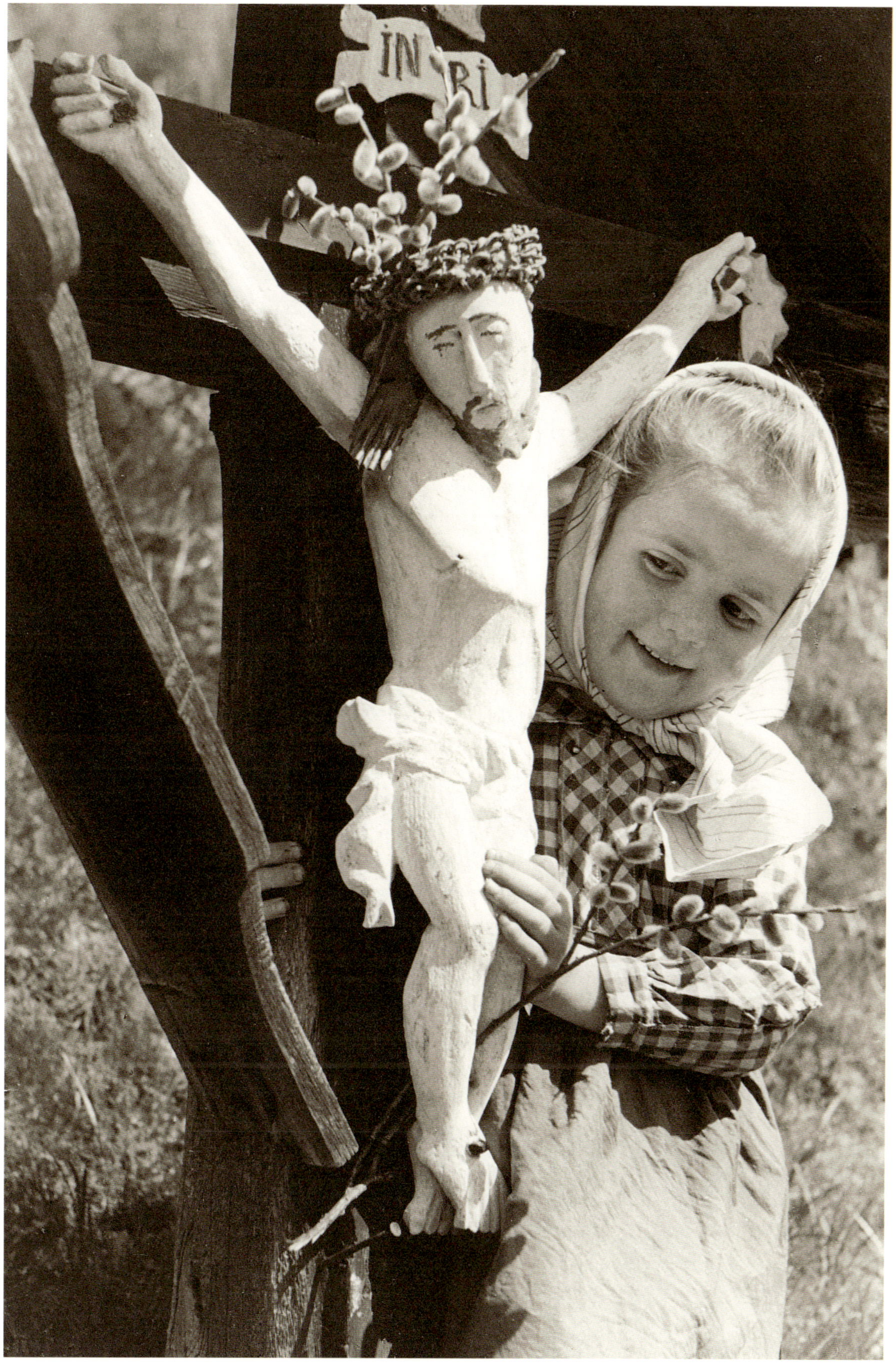
IN RI

LOIS EBNER

Hubert Leischners Bildersprache

Hubert Leischners Bilder führen nicht etwa in eine dem neuerwachten Trend von Nostalgie verhaftete und glorifizierte Bauernwelt, wo dem Betrachter gerne alles eitel Wonne und Glückseligkeit ist, er gibt auch keine lückenlose Dokumentation oder gar minutiöse Schilderung altvorderer Existenz- und Lebensformen in den Bergen, im Gegenteil: seine Bildwelt ist realistische Darstellung der dinglichen Erfüllung eines abgeschiedenen und für sich bestehenden, vom Gang der scheinbar uneinholbar entrückten Zeit unberührten Tales, ist behutsame Apostrophierung, in Maßen Überhöhung des Kreatürlichen einer in sich geschlossenen und dem natürlichen Rhythmus von Werden und Vergehen unterworfenen menschlichen Schicksalsgemeinschaft. Am Beispiel Villgraten der unmittelbaren Nachkriegszeit (1945 bis 1948) wird derart die urtümlich-ursächliche und harmonische Verquickung zwischen Mensch und Natur manifest, finden Brauchbarkeit und Beständigkeit einer uns weitgehend entfremdeten Daseinsform ihre bildhaft-schöne und glaubhafte Bestätigung.
In seiner motivlich beschränkten Werkauswahl – Brauchtümliches aus dem Jahres- und Lebenskreis sowie dörfliche Ereignisse unter größerem Menschenauflauf sind so gut wie ausgeklammert; die Landschaft im Hochgebirge spielt keinesfalls eine dominierende Rolle – hält Leischner das „refugium" einer in

ihren Intentionen, Bedürfnissen und zwischenmenschlichen Beziehungen gleichförmigen bäuerlichen und für uns Nachgeborenen ungestörten, intakten Gemeinschaft fest. Er tut das in so zurückhaltender Weise wie nur irgend möglich: weitab jeglichen Versuches der Vereinnahmung, effektvoller Umformung oder gar Verfremdung. Seine Bildwelt spiegelt unverfälschte, unverwechselbare Identität der Villgrater Volkspersönlichkeit. Daß dabei das Herbe und Rauhe, das dem Bauernschlag unter extrem schwierigen äußeren Bedingungen zweifellos eignet, kaum einmal spürbar wird, verwundert, mag jedoch der innersten Abkehr von Gewalt, der Überwindung des in der Hölle des Krieges Erlebten und Geschauten entspringen und aus dem Verlangen nach Friede und Geborgenheit erklärlich sein.

Es ist die natürliche, vom materiellen Fortschritt kaum berührte ländlich-bäuerliche Umwelt, die Leischner in seinen Arbeiten in einem Zeitpunkt einfängt, der dem weiteren und in seinen Auswirkungen sich überstürzenden Entwicklungsablauf gleichsam wie ein „retardierendes Moment" vorangestellt ist; darin von kennzeichnender Schlichtheit und Eindringlichkeit zugleich „Gottes geliebte, unverbildete Kinder!" Eine beschauliche Welt, die so ganz anders als unsere Tage Ruhe und Gelassenheit, tröstliche Zuversicht, Bescheidung auf das Gegebene und Ergebung in das Unabdingbare verströmt. Darum vermag das Dargestellte mit der Betrachtung zu wachsen, das heißt, die ihm innewohnende Harmonie an den Beschauer weiterzugeben.

Die Menschen unserer Zeit bedürfen zweifellos Momente des Verharrens, des Gewahrwerdens der in natürlichen Ordnungen beobachtbaren Schönheit und Fülle des Gleichklanges. Letztere, vom Lichtbildner umgesetzt und wiedergegeben, mögen den Blick für höhere Ordnungen freigeben. Hierin liegt die eigentliche Botschaft Leischners, eine Botschaft auch, der Begriffe wie Unmenschlichkeit und Gewalt, Hektik und Beklemmung völlig fremd sind. Orientierung und

Erbauung am Wertbeständigen, an dem die Hast unserer Zeit nur zu oft achtlos vorüberführt.

Viele unter uns, vor allem die der älteren Generation zuzuzählenden, wurden in eine solche Welt hineingeboren, von ihr geformt, ein Leben lang in Besonderung geprägt. Gleichwohl haben moderne Zeitumstände, Sach- und Verhaltenszwänge, nicht zuletzt der allerorten hochgepriesene Materialismus das ererbte typische Gehabe vielfach überdecken, ja verschütten können. Die Rückbesinnung darauf ist weniger ein Anliegen intellektueller Spürsucht mit mehr oder weniger spektakulären Ergebnissen als vielmehr ein Versuch der Standortbestimmung und Gegenüberstellung zum modernen Zeitgeist. Daß dies dank der Präsentation von Hubert Leischners wirklichkeitsgetreuen Bildzeugnissen möglich und sinnvoll ist, hat die Ausstellung auf Schloß Bruck aufgezeigt, wird das vorliegende Buch bestätigen.

(Entnommen dem Katalog zur Leischner-Ausstellung „Bauernleben in den Bergen", Schloß Bruck – Lienz, 1988)